AF434249

9 789948 846543

مركز تريندز للبحوث والاستشارات
TRENDS RESEARCH & ADVISORY

قراءة نقدية في الأيديولوجيا الإسلاموية: في تفكيك المفاهيم

د. فريد بن بلقاسم

اتجاهات حول الإسلام السياسي (7)

أكتوبر 2021

@ جميع حقوق النشر محفوظة

الطبعة الأولى 2021

Order No.: MC-02-01-2089409

ISBN: 978-9948-846-54-3

@ مركز تريندز للبحوث والاستشارات

http://trendsresearch.org

نبذة عن

مركز تريندز للبحوث والاستشارات

يُعد مركز "تريندز للبحوث والاستشارات" مؤسسة بحثية مستقلة، تأسس عام 2014، ويهتم باستشراف المستقبل في جوانبه الاستراتيجية والسياسية والاقتصادية، وتتبع القضايا العالمية المختلفة. كما يهدف المركز إلى تحليل الفرص والتحديات على مختلف الصُّعُد الجيوسياسية الراهنة، وما تحمله من متغيرات محتملة، مع محاولة إيجاد إجابات وتفسيرات علمية وموضوعية من شأنها المساهمة في التأثير في اتجاهات الأحداث مع مراعاة نواحي التحليل والنقد والاستشراف.

ويقدّم المركز، من أجل تحقيق غاياته العلمية، دراسات رصينة ذات أبعاد استشرافية مستقبلية، ويطرح أفضل البدائل الممكنة لمساعدة صنّاع القرار في معرفة التطورات الإقليمية والدولية بشكل أعمق، والاستفادة مما توفره من فرص. كما يقوم المركز برصد الاتجاهات والتغييرات الاستراتيجية والاقتصادية والإقليمية والدولية، والتنبؤ بآثارها المستقبلية، وذلك وفق الضوابط العلمية المتعارف عليها دولياً لدى أعرق مراكز التفكير والبحث العلمي.

قائمة المحتويات

ملخص تنفيذي

تطرح الدراسة مقاربة تفكيكية نقدية للجهاز المفاهيمي الذي يشد بنية الأيديولوجيا الإسلاموية شداً ويخترق خطابات حركاتها، ويمثل قاسماً مشتركاً على ما يبدو بينها في الظاهر من تنوع واختلاف. وتكمن أهمية هذه المفاهيم في كونها تجمع بين الجانب النظري والجانب العملي، فهي تنبئ بالرؤية الإسلاموية للعالم والبشر والوجود، وتوضح ما ينبغي على الإسلامويين فعله في الواقع لتجسيد تلك الرؤية.

وقد انتقت الدراسة أمثلة من هذه المفاهيم، وسلكت منهجاً يقوم على استنطاق نصوص دعاة الإسلاموية في مختلف المراحل التاريخية، ومقاربتها من زاوية نقدية تكشف ما تنطوي عليه من أبعاد أيديولوجية وسلطوية رغم تقنعها بغطاء ديني مضلل.

وقد شملت الدراسة ثلاثة عناصر موزعة بحسب طبيعة المفاهيم، فركز العنصر الأول على مفهوم شمولية الإسلام باعتباره يمثل النواة المعرفية المبدئية التي تنبثق عنها سائر المفاهيم والتصورات. واهتم العنصر الثاني بمفهومي الدعوة والتدافع، وهما من المفاهيم الاجتماعية. واستقل العنصر الثالث بالمفاهيم السياسية وهي الحاكمية والشريعة والخلافة والجهاد. ولعله من المفيد التنبيه إلى ما بين هذه المفاهيم من تداخل وترابط وثيقين.

ويكمن رهان هذه الدراسة العلمي في الكشف عما تمثله الأيديولوجيا الإسلاموية من تحدٍ فكري ومعرفي يستدعي بذل الجهد في الصُّعد كافة للاستجابة له، وهو أمر لا يقل أهمية عن مواجهة ما تمثله الجماعات الإسلاموية من مخاطر اجتماعية وسياسية وأمنية.

مقدمة

لعل من أكثر الإشكاليات المطروحة بشكل ملح في ساحة الفكر المشتغل بقضايا الإسلام السياسي أن يتم الاهتمام بشبكة المفاهيم التي تعتمد عليها الحركات الإسلاموية لتبين أهمية التحدي الفكري الذي تشكّله أيديولوجيا الإسلام السياسي والرهانات المطروحة للاستجابة له[1]، فالمفاهيم انعكاس لرؤية العالم وللتصورات والقيم، وفيها أثر للمرجعية الفكرية ودليل على التحيزات الأيديولوجية. ومن أبرز هذه المفاهيم التي تخترق خطابات تلك الحركات مفاهيم شمولية الإسلام والحاكمية والشريعة والدعوة والجهاد والولاء والبراء والدولة الإسلامية والخلافة وأستاذية العالم والتدافع والتمكين والبيعة والطاعة وغيرها..

وإذا استثنينا مفهوم شمولية الإسلام باعتباره يمثل المبدأ "المعرفي" الكلي الذي تنبثق منه رؤية الإسلامويين للدين ودوره في الحياة بمختلف نواحيها وأبعادها، فإن باقي المفاهيم تتنزل في سياقين رئيسيين متداخلين، وهما: تنظيم المجتمع من حيث مكاناته مكوناته وأدوارها تحقيقاً لصورة المجتمع الإسلامي، وتدبير السياسة من حيث هي بالأساس إدارة للحكم داخلياً وللعلاقة مع الآخر خارجياً. وتكمن القيمة الوظيفية لهذه المفاهيم في كونها تضفي المعقولية على خطابات الجماعات الإسلاموية وممارساتها، أي إنها تبين أن لتلك الخطابات والممارسات منطقا داخلياً، وهو المنطق الذي تتحرك في إطاره تلك الجماعات للتبرير والتجييش. فهذا الجهاز المفاهيمي يشد مفاصل أيديولوجية الإسلام السياسي شداً، وبه تبني "منظومتها الدعائية"، تلك التي تعمل على استقطاب الأتباع وتجنيد الأنصار وتضفي الجاذبية على أهدافها وممارساتها مهما تكن طبيعتها، وتبرهن على ادعائها بتمثيل الإسلام والمسلمين وتحتكر التصرف في الدين.

وتعتمد هذه الدراسة منهجا تفكيكياً يراوح بين تشريح المفاهيم كما تقدمها الخطابات الإسلاموية وقد انتقينا في هذا الإطار جملة من النصوص لأبرز الدعاة الذين مهما تنوعت انتماءاتهم التنظيمية ومشاربهم الفكرية والمعرفية فإنهم يشتركون في الانتساب إلى الأيديولوجيا الإسلاموية ويجمعهم الاشتغال على تلك المفاهيم ويلتقون في توظيفها، وبين تعرية ما يلف تلك المفاهيم من مغالطات وأوهام أيديولوجية، فهم إذ يتوسلون تلك المفاهيم في بناء خطاباتهم فإنما يدّعون أنهم يسترجعون مفاهيم إسلامية أصيلة منغرسة

---

1.   حول أهمية المواجهة الفكرية المعرفية للأيديولوجيا الإسلاموية، راجع: د. وائل صالح، نحو مبادئ مشروع فكري لمجابهة الإخوان معرفياً في أوروبا، مركز تريندز للبحوث والاستشارات، 3 يونيو 2021، https://bit.ly/3rEaO9p

في القرآن وسُنة النبي (ص) وعمل الصحابة والسلف الصالح ويوهمون المخاطبين بأنهم يتماهون مع السُّنة الثقافية الإسلامية وأنهم يهدفون إلى إحياء الماضي المجيد وأنهم يملكون الحل السحري لمواجهة تحديات حاضر مأزوم.

وقد اكتفينا في حدود هذه الدراسة بانتقاء مجموعة من هذه المفاهيم موزعة بحسب طبيعتها إلى ثلاثة عناصر: يهتم العنصر الأول بمفهوم شمولية الإسلام وهو مفهوم يكتسي طابعاً "معرفياً" كلياً يختزل جماع الرؤية الإسلاموية للإسلام ديناً ونظاماً ومنه تتفرع سائر المفاهيم والرؤى المشكلة للمنظومة الأيديولوجية الإسلاموية. ويخصص العنصر الثاني للمفاهيم ذات البُعد الاجتماعي وركزنا في حدود هذه الدراسة على مفهومي الدعوة والتدافع الاجتماعي. ويهتم العنصر الثالث بالمفاهيم ذات البُعد السياسي وانتقينا منها مفاهيم الحاكمية والشريعة والجهاد والخلافة. وحري بنا أن نلفت الانتباه إلى أن الفصل بين هذه المفاهيم فصل منهجي، فهي متداخلة ومترابطة فيما بينها بوشائج وثيقة.

أولاً: مفهوم شمولية الإسلام

إن الأيديولوجيا الإسلاموية مثل سائر الأيديولوجيات هي نسق فكري يستهدف حجب واقع يصعب أو يمتنع تحليله، وهي نظرية مستعارة لم تتجسد بعد في المجتمع أو هي بعبارة أدق تلعب دور الأنموذج الذهني الذي يسهّل عملية التجسيد[2]. وتنطوي الأيديولوجيا على وظيفتين؛ وظيفة عملية مجتمعية، ووظيفة نظرية معرفية[3]. وتقوم الأيديولوجيا باعتبارها نسقاً فكرياً على شبكة من المفاهيم التي تتفاوت من حيث أهميتها وأبعادها وأدوارها، فللمفهوم وظيفة جوهرية في الكيفية التي يُدرك بها الواقع وطريقة إحداث التغيير فيه.

ويتنزل في هذا المضمار الأولوية التي يمثلها مفهوم شمولية الإسلام في المنظومة الأيديولوجية الإسلاموية، فهو حجر الأساس الذي ترتكز عليه سائر أقسامها، وهو نقطة التئام أجزائها التي تتفرع منها التصورات الاجتماعية والسياسية والاقتصادية والثقافية، وهو إلى ذلك النواة الصلبة التي تمثل القاسم المشترك بين الجماعات الإسلاموية على ما بينها من اختلاف وتعدد.

---

2.   عبدالله العروي، الأيديولوجيا العربية المعاصرة (الدار البيضاء/بيروت: المركز الثقافي العربي، 1995)، ص 29.
3.   محمد سبيلا وعبد السلام بنعبد العالي (إعداد وترجمة)، الأيديولوجيا (الدار البيضاء: دار توبقال للنشر، ط2، 2006)، ص 8.

ويكتسي هذا المفهوم في خطاب دعاة الإسلاموية أبعاداً عديدة، يبرز منها بالخصوص البعد المعرفي من جهة أنه يعكس رؤيتهم للدين مفهوماً ومكانة ووظائف، فالإسلام حسب ما يعتقد الإخوان المسلمون "دين عام انتظم كل شؤون الحياة في كل الشعوب والأمم لكل الأعصار والأزمان"[4]، ومن هذا المفهوم ينبثق معنى الشمولية التي يقصد بها شمول الزمان بامتداد الرسالة على طول الزمان وشمول المكان بامتدادها في كل الآفاق وشمول العمق باستيعابها شؤون الدنيا والآخرة. وقد عبّر حسن البنّا عن هذا المعنى بقوله "نحن نعتقد أن أحكام الإسلام وتعاليمه شاملة تنتظم شؤون الناس في الدنيا والآخرة، وأن الذين يظنون أن هذه التعاليم إنما تتناول الناحية العبادية أو الروحية دون غيرها من النواحي مخطئون في هذا الظن، فالإسلام عقيدة وعبادة، ووطن وجنسية، ودين ودولة، وروحانية وعمل، ومصحف وسيف، والقرآن الكريم ينطق بذلك كله ويعتبره من لب الإسلام ومن صميمه ويوصي بالإحسان فيه جميعه"[5].

وسار باقي دعاة الإسلاموية على نهجه في تأكيد سمة الشمولية، فأفردها يوسف القرضاوي بفصل في كتابه "الخصائص العامة للإسلام" بيّن فيه أن الإسلام رسالة الزمان كله والعالم كله والإنسان كله منتهياً إلى القول إن "التعاليم الإسلامية كلها تتميز بهذا الشمول والاستيعاب لكل شؤون الحياة والإنسان ويتجلى الشمول في العقيدة والتصور وفي العبادة والتقرب وفي الأخلاق والفضائل وفي التشريع والتنظيم"[6].

وتتفرع من هذا البُعد النظري المعرفي للدين الأبعاد التي تغطي نواحي الحياة كافة الاجتماعية والسياسية والثقافية والاقتصادية والتربوية، وقد اختزلها البنّا في تعريفه لجماعته بقوله "إن الإخوان المسلمين دعوة سلفية (..) وطريقة سنية (..) وحقيقة صوفية (..) وهيئة سياسية (..) وجماعة رياضية (..) ورابطة علمية ثقافية (..) وشركة اقتصادية (..) وفكرة اجتماعية (..)"[7]، وقد استعاد القرضاوي تعاليم البنّا وهو يحدد ما سماه مجالات عمل الحركة الإسلامية فإذا هي تشمل العمل التربوي والسياسي والاجتماعي والاقتصادي والجهادي والدعوي والإعلامي والفكري والعلمي[8].

---

4.   حسن البنّا، رسالة المؤتمر الخامس، على الرابط: https://bit.ly/3iMJqSF

5.   المصدر السابق.

6.   يوسف القرضاوي، الخصائص العامة للإسلام، الفصل الثالث: الشمول، ص ص 119-142.
      https://bit.ly/2Vegjj0

7.   حسن البنّا، رسالة المؤتمر الخامس، مصدر سابق.

8.   يوسف القرضاوي، أولويات الحركة الإسلامية في المرحلة القادمة، ص ص 18-19. https://bit.ly/3f3pSs2

وهكذا يتجاوز المفهوم طابعه النظري إلى الطابع العملي، وهو نتيجة حتمية لغلبة البُعد الحركي الذي يهدف إلى إحداث الفعل في الواقع. وعلى هذا الأساس قدّم الإسلامويون أنفسهم باعتبارهم يملكون الحلول للمشكلات والأزمات التي تعانيها المجتمعات الإسلامية، وهي حلول نابعة من هذا التصور للإسلام بما هو نظام شامل لحياة الأفراد والمجتمعات في معاشهم ومعادهم. وقد اختزل دُعاتهم ذلك في شعار طالما كانت له جاذبية سحرية وهو شعار "الإسلام هو الحل" الذي يعمل على استثارة عواطف فئات من المسلمين لهم معرفة دينية بسيطة أو يعانون أوضاعاً اجتماعية هشة.

وفي الواقع إن بروز الجماعات الإسلاموية ارتبط باستغلالها "حالة التدين الفطري لدى الشعوب العربية والإسلامية وميلها إلى الدين في أوقات الأزمات، ومن ثم اللجوء إلى من يتحدث باسمه في فترات الاضطراب التاريخي، حيث تنشط ديناميات إحياء الجذور الدينية للحصول على دواء للإشكاليات الحياتية التي لا تستطيع الدولة القيام بأي شيء تجاهها"[9]. وقد انكشف زيف ادعاءاتها والوهم الذي تروجه بخصوص امتلاكها الحلول للمشكلات التي تتخبط فيها المجتمعات العربية مثلما تؤكده الوقائع بالنسبة إلى الحركات الإخوانية التي استلمت السلطة بعد عام 2011 في تونس ومصر على سبيل المثال.

ولما كان تصور الإسلام نظرياً وعملياً على هذا النحو يصبح للشمولية بُعد معياري، فهي الأصل الأول من أُصول فهم الإسلام، ومعيار التمييز بين الإسلام الصحيح والإسلام الناقص[10]. وبذلك نتبين أن تعريف الدين لم يكن لغاية معرفية بحتة وإنما كان لمآرب عملية تهدف إلى تقسيم الناس وتصنيف المؤمنين إلى قسمين: مسلم كامل صحيح صادق ومسلم ناقص الإيمان، غير مكتمل الدين، ومعيار التقسيم لا على أساس علمي موضوعي أو على أساس مستمد من نصوص الإسلام التأسيسية القرآن والسُّنة النبوية الصحيحة المتواترة، بل على أساس تصور مخصوص ذي خلفية أيديولوجية يترتب عليه ليس احتكار فهم الإسلام فقط بل احتكار تمثيل الإسلام الصحيح أيضاً[11].

---

9.   جمال سند السويدي، السراب، (أبوظبي: مركز الإمارات للدراسات والبحوث الاستراتيجية، 2015)، ص 15.

10. حسن البنّا، رسالة المؤتمر الخامس، مصدر سابق.

11. يقول القرضاوي عن مشروع حسن البنّا "..عُني – أول ما عني- بتصحيح فهم الإسلام لدى المسلمين، وإعادة ما حذف منه على أيدي المتغربين والعلمانيين (..) وأراده هو – كما أراده شارعه - عقيدة وشريعة، ديناً ودولة، وحقاً وقوة، وسلاماً وجهاداً، ومصحفاً وسيفاً". راجع: يوسف القرضاوي، في فقه الأولويات دراسة جديدة في ضوء القرآن والسُّنة (القاهرة: مكتبة وهبة، ط 2، 1996)، ص 265.

وينعكس هذا التقسيم في الواقع الاجتماعي، فلا يعود المجتمع مكوناً من مواطنين متساويين في الحقوق والواجبات ولا تمييز بينهم، بل من مؤمنين يستعلون بفهمهم المخصوص للدين على غيرهم ممن لهم فهم آخر وتصور مختلف، ناهيك عن مواطنين آخرين يدينون بأديان أخرى، ويدفع هذا الاستعلاء الجماعات الإسلاموية إما إلى اعتزال المجتمع إذا كانوا قلة وشعروا بالاستضعاف، وإما إلى العمل على فرض رؤيتهم إذا استشعروا القوة، وهو ما يقود إلى حدوث توترات داخل المجتمع الواحد تهدد انسجامه على غرار ما حدث في مصر وتونس بعد أحداث ما يعرف بالربيع العربي.

وفي المحصلة، إن مفهوم شمولية الإسلام ذو بصمة أيديولوجية لا مراء فيها، يعكس تصور دعاة الإسلاموية المخصوص للدين تعريفاً ووظيفة من ناحية، وإليه يستندون في تبرير وجودهم الاجتماعي والسياسي وفي إضفاء شرعية دينية متخيلة على ما يقدمونه من مشروعات يدّعون أنها كفيلة بحل مشكلات المجتمعات الإسلامية من ناحية أخرى. وهم يركزون على معنى الشمولية، ولا يعون الفرق الحاصل بين الإسلام باعتباره رسالة خالدة بما تكتنزه من قيم ومبادئ "تجعل من الدين الإجابة عن حاجة نفسية كونية"،[12] فهو من هذه الناحية جوهر روحي خالد مثله مثل سائر الديانات الأصلية لأنه قادر على الإجابة عن أسئلة الإنسان الوجودية ويضفي معنى على الحياة ويوفر حلاً لمعضلات المبدأ والمصير، والإسلام باعتباره ثقافة ومؤسسات وعادات وشعوراً، وهذا الإسلام خاضع للتاريخانية أي لإعادة النظر بنظام السلوك المتعلق به ولشك الحداثة الذي لا يزال منذ قرون يقضم الصروح الميتافيزيقية القديمة من هذا العالم[13]. وينطوي هذا التمييز على فكرة رئيسية وهي أن الدين يحمل في كل عصر بصمات الزمان والمكان ولم يكن هو عينه من حقبة إلى أخرى ولا من بلد إلى آخر[14]. ولعل ذلك سبيل قويم للتعامل بحس نقدي مع كل ما يطرح من قضايا متصلة بالدين والخروج من حالة التسليم والتصديق لكل ما يقال باسم الدين، ولاسيما أن الجماعات الإسلاموية تستغل هذا الوضع فتنتج مفاهيم ذات أبعاد اجتماعية وسياسية متلبسة بغطاء ديني لاستمالة الجمهور وإحكام السيطرة عليه.

12. ميشال مسلان، علم الأديان مساهمة في التأسيس، ترجمة عز الدين عناية (أبوظبي- بيروت: كلمة - المركز الثقافي العربي، 2009)، ص 111.

13. داريوش شايغان، أوهام الهوية، ترجمة محمد علي مقلد (بيروت: دار الساقي، 1993)، ص 145.

14. أمين معلوف، الهويات القاتلة، ترجمة نهلة بيضون (بيروت: دار الفارابي، 2004)، ص 90 وص 93.

ثانياً- مفاهيم اجتماعية

يكتسي البُعد الاجتماعي في الأيديولوجيا الإسلاموية أهمية بالغة نابعة من سعي الجماعات الإسلاموية إلى إقامة ما تسميه "المجتمع الإسلامي"، ويعكس ذلك موقفها الرافض لما شهدته المجتمعات الإسلامية من تطورات لم تر فيها تلك الجماعات سوى انحراف عن تعاليم الإسلام وانتشار مظاهر الفساد والإباحية والتحلل والتفسخ تحت تأثير الغزو الغربي. ولم يقف ذلك السعي عند مجرد رسم صورة على نحو نظري مجد، وإنما أدى إلى إحداث تغيرات عملية بفعل تطوّر تلك الجماعات من موجات صغيرة وهامشية إلى تيار اكتسب في بعض المجتمعات نتيجة عوامل عدة داخلية وخارجية قوة تأثيرية ضاغطة في المجال العام، وقد لعبت المفاهيم الاجتماعية دوراً محورياً في اكتساب أسباب هذه القوة. ولعل من أبرز هذه المفاهيم مفهومَي الدعوة والتدافع الاجتماعي.

1- مفهوم الدعوة

يمكن أن نتبين أهمية هذا المفهوم من خلال ما أفرده له دعاة الإسلاموية على اختلاف توجهاتهم من مؤلفات مستقلة من بينها كتاب "مذكرات الدعوة والداعية" لحسن البنّا، وتذكرة يا دعاة الإسلام... لأبي الأعلى المودودي، وتذكرة الدعاة.. للبهي الخولي، ومع الله.. دراسات في الدعوة والدعاة لمحمد الغزالي وغيرها، ويضاف إلى ذلك حضور الدعوة مفهوماً وقضايا في ثنايا مؤلفات أخرى سواء كانت كتباً، مثل: كتاب أولويات الحركة الإسلامية ليوسف القرضاوي، أو مجلات وجرائد مثل التي أصدرتها جماعة الإخوان المصرية في فترات معينة من تاريخها[15]، أو غيرها من وسائل الإعلام والتواصل الحديثة.

غير أنه يجدر التنبيه إلى أن الدعوة في الأيديولوجيا الإسلاموية لا تظهر أهميتها من جهة مفهومها والكتابات التنظيرية المخصصة لها فقط، وإنما في كونها تعد حجر الزاوية في ما يسمى "العمل الإسلامي" أو "الحركة الإسلامية" أيضاً، وليس أدل على ذلك أن جماعة الإخوان تقدم نفسها باعتبارها "دعوة" وتعتبرها جوهر مهمتها. ومن المعلوم أن لاصطلاح الدعوة جذوراً في القرآن باعتبارها إحدى المهمات الرئيسية الموكولة إلى النبي (ص)

---

15. منها جريدة الإخوان المسلمين، ومجلة النذير ومجلة الدعوة وغيرها. راجع: خالد بشير، مجلات الجماعات الإسلامية عبر 9 عقود ... كيف ارتبطت بالدعاية السياسية لحركات الإسلام السياسي؟، موقع حفريات، 27 أبريل 2020. https://bit.ly/39DMwV5

ومجموعة المؤمنين الأوائل لنشر الرسالة[16]، وقد تعمّق النظر فيها في الموروث التفسيري وقد تجلى ذلك خصوصاً في علاقته بالأمر بالمعروف والنهي عن المنكر[17]، وصولاً إلى تأسيس مؤسسة الحسبة[18]، إلا أن مصطلحي الدعوة والداعية قد حملا في الموروث التاريخي الإسلامي دلالة سياسية بدأت مع الدعوة العباسية ثم ترسخت مع الحركات الشيعية خصوصاً الإسماعيلية التي أضفت عليهما معنى السرية ويبدو أن استعمال الجماعات الإسلاموية لمفهومي الدعوة والداعية يندرج في إطار إحياء هذا التقليد السياسي لاسيما في ضوء سعيها إلى تمييز نشاطها في هذا المجال عن عمل المؤسسات الرسمية والتقليدية التي احتكرت مهام المحتسب والخطيب والواعظ والقصاص[19]. وقد شهد مفهوم الدعوة تطوراً في المرحلة الأخيرة تحت تأثير العولمة وانتشار الأقليات المسلمة في العالم، فارتبط لدى بعضهم كالقرضاوي وطارق رمضان بمفهوم الحوار بين الأديان والثقافات[20]. ويشير مفهوم الدعوة في الأيديولوجيا الإسلاموية جملة من القضايا نوجزها في النقاط التالية:

أ. دواعي الدعوة

يكشف البنّا في مذكراته عن الظروف التي جعلته ينتصب داعية والتي أجملها في ما شاهده من "مظاهر التحلل والبُعد عن الأخلاق الإسلامية"[21]، وفي ما سماه موجة الإلحاد والإباحية التي انتشرت في مصر ووصفها بقوله "موجة التحلل في النفوس وفي الآراء والأفكار باسم التحرر العقلي، ثم في المسالك والأخلاق والأعمال باسم التحرر الشخصي"، وقد ردها إلى تأثير العامل السياسي المتمثل في فصل الدين عن الدولة وإلغاء الخلافة في تركيا وما أعقب ذلك

---

16. نذكر على سبيل المثال الآيات: وَلْتَكُن مِنكُمْ أُمَّةٌ يَدْعُونَ إِلَى الْخَيْرِ وَيَأْمُرُونَ بِالْمَعْرُوفِ وَيَنْهَوْنَ عَنِ الْمُنكَرِ وَأُولَٰئِكَ هُمُ الْمُفْلِحُونَ (آل عمران 104/3). قُلْ هَٰذِهِ سَبِيلِي أَدْعُو إِلَى اللَّهِ عَلَىٰ بَصِيرَةٍ أَنَا وَمَنِ اتَّبَعَنِي وَسُبْحَانَ اللَّهِ وَمَا أَنَا مِنَ الْمُشْرِكِينَ (يوسف 108/12). ادْعُ إِلَىٰ سَبِيلِ رَبِّكَ بِالْحِكْمَةِ وَالْمَوْعِظَةِ الْحَسَنَةِ وَجَادِلْهُم بِالَّتِي هِيَ أَحْسَنُ إِنَّ رَبَّكَ هُوَ أَعْلَمُ بِمَن ضَلَّ عَن سَبِيلِهِ وَهُوَ أَعْلَمُ بِالْمُهْتَدِينَ (النحل 125/16). ويبدو جلياً في هذه الآيات أن الأمر الإلهي موجه إلى النبي (ص) وإلى جماعة المؤمنين في ارتباط بمعنى الدعوة إلى عبادة الله والأمر بالمعروف والنهي عن المنكر واتباع منهج الحكمة والموعظة.

17. راجع عرضاً مفصلاً في: مايكل كوك، الأمر بالمعروف والنهي عن المنكر في الفكر الإسلامي، ترجمة رضوان السيد، عبد الرحمن السالمي، عمار الجلاصي (بيروت: الشبكة العربية للأبحاث والنشر، ط2، 2013)، ص ص 57-80.

18. أبو الحسن الماوردي، الأحكام السلطانية، تحقيق أحمد جاد (القاهرة: دار الحديث، 2006)، ص ص 349-351.

19. هاني عمارة، "أفخاخ الإسلاميين: 3-فخ الدعوة"، موقع دقائق، 2 يونيو 2018، https://bit.ly/2VeK6rK

20. Weismann, I. (2015). Framing a Modern Umma The Muslim Brothers, Evolving Project of Da'wa. Sociology of islam, vol 3. Brill nv, leiden, p.p. 163-164. https://bit.ly/3zJNjyh

21. حسن البنا، مذكرات الدعوة والداعية (الكويت: مكتبة آفاق، 2012)، ص 50.

من ثورة على الدين ومحاربة للتقاليد الاجتماعية واندفاع وراء التفكير المادي تقليداً للغرب في الجامعات والأحزاب والمجلات والجرائد والصالونات الفكرية[22]. ويتضح من خلال ذلك أن الاتجاه نحو الدعوة بالنسبة إلى البنّا تفسره دواع اجتماعية وسياسية، وأن رؤيته محكومة بموقف أخلاقي وفكري معياري مرتكز على أساس أن العودة إلى الإسلام كفيلة بمواجهة ما يعتبره تغريباً دخيلاً وهيمنة أجنبية وقيماً غريبة. فقد كانت الدعوة طريقته في الاستجابة إلى التغييرات التي عرفها المجتمع المصري في فترة ما بين الحربين إضافة إلى التوترات النفسية والاجتماعية التي عاناها المصريون تحت الحكم الاستعماري البريطاني والتي رأى فيها تهديداً للإيمان وللأعراف الاجتماعية الموروثة[23].

لقد قدم البنّا الإطار المرجعي العام الذي يفسر التوجه إلى الدعوة باعتبارها تمثل الاستجابة الإسلاموية لجملة التحديات التي يطرحها الواقع الاجتماعي والسياسي، فما زالت الحركات الإسلاموية بمختلف تفريعاتها تتخذ من الابتعاد عن الدين ومن تفشي ما تعتبره مظاهر تفسخ وفسوق وتيارات مناوئة مستوردة من الغرب كالوطنية والقومية والشيوعية والديمقراطية والليبرالية وغيرها غطاءً تبرر به ما تمارسه من أنشطة دعوية. وقد كان للبنّا ولجماعته السبق في جعل الدعوة حجر الزاوية في فكر الجماعات الإسلاموية وعملها وفي منحها أبعادها التنظيمية والأيديولوجية والسياسية بما جعلها من خلال هذه السيرورة "مرادفة للحركة الإسلامية، والإعلام الإسلامي، والإسلام السياسي، وفي النهاية للإسلام نفسه"[24].

غير أن ما يجدر الانتباه إليه أن الدعوة، مثلما يمارسها دعاة الإسلاموية، موجهة أساساً إلى المسلمين والمجتمعات المسلمة، فهم ينطلقون من موقف مبدئي جوهري يعتبر إسلام غيرهم إسلاماً ناقصاً أو أفسدته الشوائب ولا يتبعون تعاليمه في حياتهم، ويدعون أنهم يمثلون الإسلام الصحيح والكامل وهم "مسلمون بالاختيار" ومن واجبهم إرشاد "المسلمين بالمصادفة" إلى الإسلام الحقيقي من خلال الدعوة[25]، ويعتبرون أن المؤسسات التقليدية والرسمية مقصرة في هذا الجانب. وهنا يكمن الخلط بين الإسلام ديناً والإسلاموية أيديولوجيا

---

22. المصدر السابق، ص ص 54-55.

Weismann, Framing a Modern Umma.., Op.cit, p.152. .23

Ibid, p.155. .24

25. لورنزو فيدينو، الإخوان المسلمون الجدد في الغرب، ترجمة ب.ا. الوكيل (الإمارات العربية المتحدة: مركز المسبار للدراسات والبحوث، 2011)، ص 54.

تدّعي امتلاك نسخة الإسلام الأصلية بصفة حصرية وتريد أن تمارس الوصاية على جموع المؤمنين وتفرض عليهم ما تراه طريق الخلاص[26].

ب. مهمة الداعية

عادت ظاهرة الداعية إلى الظهور مع تيار الإسلاموية، وقد ضبط البهي الخولي أحد مؤسسي جماعة الإخوان في إطار التمييز بين الخطيب والداعية مميزاته ومهامه، ويمكن إجمالها في أن الداعية مؤمن بفكرة يدعو إليها بكل ما يستطيع من وسائل الدعاية من خطابة وكتابة وحديث وعمل، وهو طبيب اجتماعي يعالج أمراض النفوس ويصلح أوضاع المجتمع الفاسدة، وهو ناقد بصير وصديق ورفيق وأخ تشيع المحبة في قلبه وتتدفق الرحمة من عينيه وتجري المواساة على لسانه ويديه، وهو قائد في محيطه وسياسي في بيئته وزعيم لفكرته ومن يتبعه لا بد له من التأثير النفساني والهيمنة الروحية[27].

ويعتبر الإخوان حسن البنّا نموذج الداعية المثالي، فقد قال عنه عمر التلمساني بعد أن ارتفع به إلى مقام النبوة في تعامله مع أصحابه: "إنه نعمة الله على هذا الجيل والله وحده العليم، على أي صورة كانت أحوال المسلمين ستكون، لولا هذا الداعية الكبير الذي بصر المسلمين وأيقظ أذهانهم وحرك هممهم في الوقت المناسب وكأن الله قد أرسله على قدر مع الأحداث فعلاً فلولا فضل الله على المسلمين بقيام حسن البنّا في هذه الفترة الحرجة الخطيرة من تاريخ المسلمين لكانت المأساة فادحة والطامة كبرى والكارثة طامة عامة ولكن الله سلّم"[28]. ولا تقتصر مهمة الدعوة على الرجال فقط، بل تشمل النساء أيضاً، فهن لسن موضوعاً للدعوة فحسب، وإنما لهن دور بالغ الأهمية فيها سواء في الأسرة أو في المجتمع[29].

يتضح مما تقدم أن مهمة الداعية اجتماعية سياسية تحتاج إلى اكتساب جملة من الصفات التي تؤهله لأدائها على النحو المطلوب لاسيما من جهة إحكام السيطرة على الأتباع بما

---

26. انظر على سبيل المثال إلى ما يقوله محمود الصباغ عن البنّا "ولولا وجودك بيننا لبقينا كما بقي غيرنا ممن لم يتصلوا بدعوتك، واقتصروا على علوم الدنيا، حتى بلغوا أرق الدرجات العلمية، جهلة بأمر هذا الدين الحنيف وأوامره الحقة ونواهيه، ولكنا مثل الكثير منهم، حرباً على دعاة الإسلام من فرط جهلنا بما هو الإسلام". محمود الصباغ، حقيقة التنظيم الخاص ودوره في دعوة الإخوان المسلمين. على الرابط: https://bit.ly/3BLG6zj

27. البهي الخولي، تذكرة الدعاة (مصر: دار الكتاب العربي، ط 3، 1952)، ص 5.

28. عمر التلمساني، الملهم الموهوب حسن البنّا أستاذ الجيل. على الرابط: https://bit.ly/3f2IjON

29. خصص المودودي فصلاً في كتابه بعنوان "نصيحة للأخوات المسلمات". أبو الأعلى المودودي، تذكرة يا دعاة الإسلام...، ص ص 45-48. على الرابط: https://bit.ly/3y8rWGV

يجعلهم يخضعون لتأثيره. ولعل أهم ما يستوقفنا في كلام الخولي قوله إن الداعية مؤمن بفكرة وسياسي، وهذا يعني أن مضمون الدعوة لا يتعلق بشأن دين خالص وإنما يخص عقيدة سياسية يعمل الداعية على أن يكسوها رداء دينياً ينفذ به إلى الجمهور ليستثير "العقل العاطفي فيهم"[30]، من منطلق شعوره لا بالمسؤولية فقط وإنما بالتفوق والاستعلاء أيضاً، ويتوخى في ذلك أساليب متنوعة.

جـ. أساليب الدعوة

لعله من المفيد الإشارة إلى أن الدعوة في الأيديولوجيا الإسلاموية ليست عملاً فردياً معزولاً وإنما هي بالأساس عمل منظم. وقد كان للبنّا إسهام كبير في ذلك،[31] فقد عمل منذ بداياته على تكوين جمعيات لمحاربة ما يعتبره منكرات من خلال إرسال خطابات تحذير لكل من يمارس منكراً، وتوجه إلى ممارسة الدعوة لا في المساجد والمدارس فقط، وإنما في المقاهي والشوارع أيضاً، أي إن الدعوة اخترقت الفضاء العام وخاطبت عموم الناس عبر الحديث المباشر.

واتخذ النشاط الدعوي بُعداً أكثر عمقاً واتساعاً وامتداداً مع تأسيس جماعة الإخوان وفروعها المنتشرة في أرجاء مصر وخارجها التي تدين للمرشد ببيعة الولاء والطاعة وقد ارتكزت في ذلك على أن نشاط الجماعة يشمل نواحي الحياة كلها. وتوسلت الجماعة كل ما كان متاحاً من وسائل الدعوة في تلك المرحلة من دروس ورحلات ومطبوعات وحفلات عامة وخاصة وجرائد ومجلات.[32]

وقد أولى البنّا المسألة التنظيمية أهمية كبرى وقد استعار الهيكل التنظيمي الهرمي المحكم من الحركات الشعبية السائدة آنذاك كالفاشية والنازية ما سمح بتطور التنظيم فصار وعاء جامعاً ضم المساجد والتنظيمات المهنية والجمعيات الخيرية والخدمات الاجتماعية ومؤسسات النشر والطباعة وهكذا بات للجماعة شبكة واسعة من المنظمات الدعوية في العالمين العربي والإسلامي وفي الغرب،[33] وقد تطورت أساليب الدعوة فأنشئت على غرار الجمعيات التي تقدم خدمات اجتماعية كالتعليم والرياضة والصحة والسكن والإعالة للمحتاجين، وتكونت الصحف والمجلات، وواكب الدعاة تطور وسائل الإعلام والتواصل

---

30. البهي الخولي، تذكرة الدعاة، مصدر سابق، ص ص 13-14 وص 20.

31. Weismann, Framing a Modern Umma., op.cit, p.152.

32. حسن البنّا، رسالة المؤتمر الخامس، مصدر سابق.

33. لورينزو فيدينو، الإخوان المسلمون الجدد في الغرب، مرجع سابق، ص ص 53-54.

كاستعمال أشرطة الكاسيت التي لقيت رواجاً كبيراً في السبعينيات واشتهر عبدالحميد كشك في مصر وحسن الغضباني في تونس وتقديم البرامج التلفزيونية مثل برنامج الشريعة والحياة ليوسف القرضاوي، وتنظيم المحاضرات والندوات والاجتماعات والفعاليات كما هي حال الإخوان في الغرب[34]، وصولاً إلى إنشاء المواقع الإلكترونية على شبكة الإنترنت، مثل: موقع إسلام أونلاين.نت[35]، واستخدام مواقع التواصل الاجتماعي.

لقد أبدى الإخوان المسلمون وسائر الجماعات الإسلاموية قدرة فائقة على الاستفادة من تطور وسائل الإعلام والدعاية لنشر أفكارهم وجذب فئات من المسلمين وغير المسلمين إلى دعوتهم وتهيئتهم لدخول معبد الجماعة وإحكام غلق أبوابه عليهم، وفي الأمر مفارقة غريبة إذ يتوسل الدعاة الإسلامويون أحدث وسائل الاتصال والتواصل التي ابتكرتها الحداثة المعاصرة لتبليغ رسالة مضمونها العودة إلى الماضي واستنزال اللعنة على القيم الحديثة.

د. غايات الدعوة

يحدد أبو الأعلى المودودي ثلاثة مطالب أو أهداف للدعوة في قوله "دعوتنا للبشر كافة والمسلمين خاصة، أن يعبدوا الله وحده ولا يشركوا به شيئاً ولا يتخذوا إلهاً ولا رباً غيره. ودعوتنا لكل من أظهر الرضا بالإسلام ديناً أن يخلصوا دينهم لله ويزكوا أنفسهم من شوائب النفاق وأعمالهم من التناقض. ودعوتنا لجميع أهل الأرض أن يحدثوا انقلاباً عاماً في أصول الحكم الحاضر الذي استبد به الطواغيت والفجرة الذين ملؤوا الأرض فساداً، وأن ينتزعوا هذه الإمامة الفكرية والعملية من أيديهم، حتى يأخذها رجال يؤمنون بالله وباليوم الآخر ويدينون دين الحق ولا يريدون علواً في الأرض ولا فساداً"[36].

وقد تبدو هذه الأهداف للوهلة الأولى مرتبطة بمعانٍ دينية صرفة من خلال عبارات من قبيل عبادة الله وإخلاص الدين له وانتزاع الإمامة الفكرية والعملية من الطواغيت والفجرة. غير أن إمهال النظر يكشف أن المقالة مرتهنة بالإطار الأيديولوجي الذي يتحرك داخله المودودي وسائر الإسلامويين، فالداعية الإسلاموي ينطلق مبدئياً من أن دعوته (تصورات الجماعة وأفكارها) تمثل الدين الحق (الإسلام المنزل) وأنها يجب أن تحكم وتقود نواحي الحياة

---

34. المرجع السابق، ص 68.

35. يعتبر القرضاوي أن نشر الدعوة باستعمال الوسائل الحديثة من إذاعات وقنوات فضائية وإنترنت "جهاد العصر". يوسف القرضاوي، فقه الجهاد دراسة مقارنة لأحكامه وفلسفته في ضوء القرآن والسُّنة (القاهرة: مكتبة وهبة، ط 4، 2014)، ج 2، ص ص 1337-1338.

36. أبو الأعلى المودودي، تذكرة يا دعاة الإسلام... مصدر سابق، ص 1.

جميعها، وأن تسود كل أهل الأرض دون احترام لسيادة الدول، فبالنسبة إليه ليست الغاية أن يكتفي بأن يعتنق الناس بمختلف مللهم الإسلام، وإنما منتهى سعيه أن تكون مبادئ دعوته وتصوراتها حاكمة في الأرض جميعها ولها القيادة بديلاً عما يسميها أنظمة الكفر والجاهلية[37].

وهكذا يتبين أن الدعوة في الأيديولوجيا الإسلاموية تتقنع بغطاء الدين، وبه يستشعر الداعية تفوقه واستعلاءه، وتستعمل وسائل متنوعة بما فيها أحدثها وأكثرها تطوراً، وتهدف إلى استقطاب الأتباع والتغلغل في الجسم الاجتماعي من أجل الأسلمة الشاملة مقدمة نفسها باعتبارها بديلاً عن النظم العصرية. فالدعوة في عمقها وجوهرها أُيديولوجيا كلية شمولية ذات مهمة سياسية، فهي أداة من أدوات التمكين[38]، وهي تتجاوز الحدود المحلية لتستهدف العالم بأسره.

2- مفهوم التدافع

تقدم الأيديولوجيا الإسلاموية مفهوم التدافع في مقابل مفهوم الصراع في النظرية الاجتماعية الغربية إذ تنتقد هذه النظرية من منطلق كونها تضع الإنسان في مركز الكون وتجعل الصراع قانون الحياة والقوة الآلية الأساسية لحسم الخلافات والتناقضات كلها، وتعمل على تأصيل مفهوم الدافع من خلال استحضار جذوره القرآنية في سورتي البقرة 251/2 ".. وَلَوْلَا دَفْعُ اللّٰهِ النّاسَ بَعْضَهُمْ بِبَعْضٍ لَفَسَدَتِ الْأَرْضُ.." والحج 40/22 ".. وَلَوْلَا دَفْعُ اللّٰهِ النّاسَ بَعْضَهُمْ بِبَعْضٍ لَهُدِّمَتْ صَوَامِعُ وَبِيَعٌ وَصَلَوَاتٌ وَمَسَاجِدُ يُذْكَرُ فِيهَا اسْمُ اللّٰهِ كَثِيرًا وَلَيَنصُرَنَّ اللّٰهُ مَن يَنصُرُهُ.."، وتنتهي إلى ربط معناه بمقاومة الفساد والشرور التي تعتري الكون والحالة الإنسانية على وجه الخصوص من أجل صد وردع هذه الشرور/المفاسد عن الكون والإنسان وليتم التمهيد للفعل الصالح والنافع. وهكذا يبذل الإسلاموي قصارى جهده لينزل مفهوم التدافع في إطار ما يسميه "النظرية الاجتماعية الإسلامية".[39] ومن زاوية أخرى يبدو التدافع سُنة إسلامية يلجأ إليها الإسلاموي لدحض أطروحات نهاية التاريخ وصدام الحضارات وليمنح نفسه دوراً "حضارياً دعوياً" للتعريف بالإسلام كما يتصوره (أي بالإسلاموية) وللتموقع في

---

37. المصدر السابق، ص ص 2-3.

38. هذا ما كشفته على سبيل المثال خطة التمكين الإخوانية المعروفة بقضية سلسبيل في بداية التسعينيات في مصر. انظر: خطة التمكين 1992.. الشاطر يخطط للهيمنة على مصر، بوابة الحركات الإسلامية، 19 يناير 2015، https://bit.ly/3EYaCrl

39. حسان عبدالله، بناء المفاهيم في النظرية الاجتماعية الإسلامية "التدافع" نموذجاً، موقع إسلام أون لاين، https://bit.ly/2Wr8pU8

سياقات الحوار والتواصل مع الأمم والحضارات الأخرى باعتباره يرى نفسه الممثل الحصري للإسلام والمسلمين[40].

تبدو هذه المقاربة التي تنحو إلى اتخاذ شكل علمي في سياق الجدل مع الأطروحات الغربية إحدى نتائج أسلمة المعرفة بالمعنى الذي قصده إسماعيل راجي الفاروقي "إعادة صياغة المعرفة على أساس علاقتها بالإسلام"[41]. غير أن التأسيس لهذا المفهوم يعود إلى فترات سابقة، ويعد سيد قطب من أبرز من دفعوا به إلى سوق التداول في الخطاب والممارسة. ففي تفسيره للآية 251 من سورة البقرة يربط المفهوم بقيام من سماها "الجماعة الخيرة المهتدية المتجردة" التي (..) "تعرف أنها مكلفة بدفع الباطل وإقرار الحق في الأرض."[42]، وأما في تفسيره للآية 40 من سورة الحج فيظهر ربط المفهوم بالعنف من خلال الإحالة على مفهوم الجهاد الذي يفرق بين الحق والباطل إذ يقول "الشأن الدائم ألا يتعايش الحق والباطل في هذه الأرض (..) حالة دائمة لا يقف معها الانطلاق الجهادي التحريري حتى يكون الدين كله لله"[43]. وربط يوسف القرضاوي بين التدافع باعتباره سُنّة كونية وبشرية عامة والحرب والقتال، وجعل غاياته بالنسبة إلى المسلمين في محاربة الفساد والطغاة في الأرض[44].

تشكّل هذه المقاربة مسوغاً بالنسبة إلى الجماعات الإسلاموية لتبرير ما يصدر عنها من عنف تجاه لا من يصنفونهم "محاربين" من غير المسلمين فقط، بل المخالفون من المسلمين أيضاً. وقد تجلى ذلك على سبيل المثال بوضوح في تونس بعد عام 2011، فما إن استلمت حركة النهضة السلطة حتى تركت الأبواب مفتوحة لجماعتها تنشر أفكارها وتمارس العنف ضد النخب الفكرية والفنية والأدبية والإعلامية والنقابية وسائر فئات المجتمع التي تعتبرها قد حادت عن 'الصراط المستقيم' وتفشت فيها مظاهر الشر والفساد، وتتحدى سلطة الدولة وتعد العدة للانقلاب عليها[45]، وقد بدا التدافع حينها وكأنه بناء لمجتمع موازٍ وتأسيس لمجتمع اللا دولة.

---

40. عامر البوسلامة، الإسلاميون.. بين سُنة التدافع ونهاية التاريخ. على الرابط: https://bit.ly/2TIdx5m

41. إسماعيل راجي الفاروقي، أسلمة المعرفة المبادئ العامة وخطة العمل، ترجمة عبد الوارث سعيد (الكويت: دار البحوث العلمية، 1983)، ص 33.

42. سيد قطب، في ظلال القرآن (بيروت/القاهرة: دار الشروق، ط 32، 2003)، ج 2، ص ص 270-271.

43. سيد قطب، معالم في الطريق (بيروت/القاهرة: دار الشروق، ط 6، 1979) ص 68.

44. يوسف القرضاوي، فقه الجهاد، مصدر سابق، ج 1، ص ص 443-444. وج 2، ص 865.

45. يمكن الاطلاع على أهم أحداث العنف التي شهدتها تونس منذ أواخر عام 2011 إلى حدود عام 2016 في: عميرة علية الصغير، الإرهاب في تونس الآباء والأبناء دراسة في أسانيد الإرهاب وواقعه (تونس، د.ن، 2016)، ص ص 40-60.

ثالثاً- مفاهيم سياسية

لعل أهم ما طبع الحركات الإسلاموية بطابع مخصوص تحويلها الدين إلى أيديولوجيا سياسية شمولية، فالبعد السياسي طاغٍ عليها في خطاباتها وفي ممارساتها. فالإسلام بالنسبة إليها ليس رسالة دينية وإنما هو "إحدى الأيديولوجيات الكبرى في العالم التي لها ماضٍ وحاضر ومستقبل"[46]، و"الإسلام الحق كما شرعه الله لا يمكن إلا أن يكون سياسياً، وإذا جردت الإسلام من السياسة، فقد جعلته ديناً آخر"[47]. وهو ما أدى إلى رواج مصطلح الإسلام السياسي لدى قسم كبير من الباحثين المهتمين بهذه الظاهرة وإن لقي هذا المصطلح امتعاضاً من الإسلامويين أنفسهم، وفي ذلك مفارقة إذ يرفضون المصطلح دون رفض معانيه، بل يصرون على أن وثاقة الصلة بين الدين والسياسة والدين والدوله تمثل "الركن الركين في أيديولوجية الحركة الإسلامية المعاصرة"[48]. وقد انتهى أحد الدارسين إلى تعريف الإسلام السياسي بأنه "ذلك المشروع الديني الساعي إلى السلطة السياسية ليتمكن من إعادة بناء الخلافة الإسلامية، مستخدماً الدين الإسلامي أرضية عقائدية لطرحه السياسي والاقتصادي والاجتماعي، ولفرض طريقة حياة معينة على جميع المسلمين وغير المسلمين"[49].

إن للبعد السياسي في الأيديولوجيا الإسلاموية مكانة جوهرية، بل لعله يكون أكثر الأبعاد أهمية فالحركات الإسلاموية منذ ظهورها في عشرينيات القرن الماضي انخرطت في العمل السياسي بمختلف أشكاله السلمية والاحتجاجية والعنيفة وتراوحت تجاربها بين المعارضة والحكم، وقد تسلحت في ذلك بعدة من المفاهيم التي صاغت بها خطاباتها وصبغت بها حضورها في الساحة السياسية، وعكست رؤيتها المبنية على الخلط بين الدين والسياسة، ونلمح فيما يلي إلى أبرز تلك المفاهيم.

1- الحاكمية

أعاد دعاة الإسلاموية وفي مقدمتهم أبو الأعلى المودودي وسيد قطب إحياء مفهوم الحاكمية في العصر الحديث[50]. فبالنسبة إلى المودودي، تعني الحاكمية "السلطة العليا والسلطة

---

46. يوسف القرضاوي، أولويات الحركة الإسلامية، مصدر سابق، ص 17.

47. راشد الغنوشي، الديمقراطية وحقوق الإنسان في الإسلام (الدوحة - بيروت: مركز الجزيرة للدراسات- الدار العربية للعلوم ناشرون، 2012)، ص 36.

48. المصدر السابق، ص 39.

49. جمال سند السويدي، السراب، مرجع سابق، ص 139.

50. عرّف الفكر الإسلامي التقليدي فكرة الحاكمية على يد الخوارج الذين صاغوها في شعار "لا حكم إلا لله". راجع: عمر عبيد حسنة، الحاكمية في الفكر الإسلامي. على الرابط: https://bit.ly/3l6uEJr

المطلقة" وصاحب الحاكمية هو من يسن القانون بإرادته[51]. ووفق هذا التعريف لا يمكن أن تطلق صفة الحاكمية في الدائرة الإنسانية فما من نظام يحمل هذه الحاكمية، فالله وحده هو الحامل لهذه الحاكمية وهو الغالب المطلق الأعلى[52]، فالحاكمية، من منظوره، اختصاص إلهي محض ولا حظ فيها للإنسان إطلاقاً، فالله ليس خالقاً فحسب، بل هو حاكم وآمر ولم يهب أحداً من خلقه حق تنفيذ حكمه فيهم[53]. ويجمع الله بين الحاكمية القانونية أي المتصلة بالتشريع والأحكام، والحاكمية السياسية أي التي تقوم بتنفيذ الحاكمية القانونية، فأي قوة "لا تحوز الحاكمية القانونية والتي يضيق صلاحياتها قانون أعلى لا قبل لها بالتغيير فيه، لا يمكن أن تكون حاملة للحاكمية"[54].

لقد جعل المودودي الحاكمية رداً على مفهوم السيادة كما تبلور في النظريات السياسية الغربية، هي الأساس الذي تقوم عليه الدولة الإسلامية حيث يقول "الأساس الذي ارتكزت عليه دعامة النظرية السياسية في الإسلام أن تنزع جميع سلطات (Powers) الأمر والتشريع من أيدي البشر منفردين ومجتمعين ولا يؤذن لأحد منهم أن ينفذ أمره في بشر مثله فيطيعوه أو ليس قانوناً لهم فينقادوا له ويتبعوه، فإن ذلك أمر مختص بالله وحده لا يشاركه فيه أحد غيره"[55]. ويربط المودودي ربطاً تلازمياً بين الإسلام والإيمان من جهة والتسليم بما يسميه "حاكمية الله القانونية" من جهة ثانية و"ما الجحود بها إلا كفر صريح"[56]، فلا يخلو الأمر من منزع عقدي.

وقد تلقف سيد قطب المفهوم وأعاد طرحه في سياق مواجهة ما سماه "الجاهلية المعاصرة"، وقد غلب على طرح المفهوم لديه بُعدان؛ الأول بُعد عقدي إذ أقامه على أساس أنه أخص خصائص الألوهية وربطه بأوثق العرى بعقيدة التوحيد التي قررتها قاعدة "شهادة لا إله إلا الله محمد رسول الله"، فهي جوهر الدعوة الإسلامية التي تستهدف إخراج العباد "من عبادة العباد إلى عبادة رب العباد بإخراجهم من سلطان العباد في حاكميتهم وشرائعهم وقيمهم

---

51. أبو الأعلى المودودي، نظرية الإسلام وهديه في السياسة والقانون والدستور، ص 251. https://bit.ly/3lWrAhE

52. المصدر السابق، ص 253.

53. محمد عمارة، نظرية الحاكمية الإلهية في فكر أبي الأعلى المودودي (1321-1399هـ/1903-1979 م)، في إشكاليات الفكر الإسلامي المعاصر (مالطا: مركز دراسات العالم الإسلامي، 1991) ص ص 141-142.

54. أبو الأعلى المودودي وصاحب نظرية الإسلام وهديه في السياسة والقانون والدستور، مصدر سابق، ص ص 258-259.

55. المصدر السابق، ص 31.

56. المصدر السابق، ص 257.

وتقاليدهم إلى سلطان الله وحاكميته وشريعته وحده في كل شأن من شؤون الحياة"[57]. فالحاكمية معيار فاصل بين الكفر والإيمان، فلا يعتقد المسلم أن الحاكمية تكون لغير الله "والمسألة في حقيقتها هي مسألة كفر وإيمان، مسألة شرك وتوحيد، مسألة جاهلية وإسلام"[58].

والبُعد الثاني هو بُعد اجتماعي إذ ربطه بتصوره للمجتمع الإسلامي، وهو تصور قائم على ثنائية ضدية: المجتمع الإسلامي في مقابل المجتمع الجاهلي، فقد قرر قطب أن العالم كله يغرق في الجاهلية التي عرفها بأنها "الاعتداء على سلطان الله في الأرض وعلى أخص خصائص الألوهية وهي الحاكمية أنها تسند الحاكمية للبشر فتجعل بعضهم لبعض أرباباً"[59]، وهي ليست "فترة من الزمان إنما هي حالة من الحالات التي تتكرر كلما انحرف المجتمع عن نهج الإسلام"[60]، وهكذا يخرج قطب بالحاكمية من مدار التنظير إلى مدار التطبيق إذ ربط الأمر بوظيفة الإسلام الكامنة في إقصاء الجاهلية من قيادة البشرية[61]. فتغدو الحاكمية العليا لله وحده متمثلة في سيادة الشريعة الإلهية، فسيادة الشريعة الإلهية هي التطبيق العملي للحاكمية[62]. لقد جعلت هذه الأفكار من سيد قطب أحد أوائل المؤسسين للتطرف في الإسلام السياسي، "ومرجعاً لأكثر المتطرفين والجهاديين المتشددين"[63].

ولا يخلو خطاب من يدّعون الوسطية والاعتدال من التأصيل لمفهوم الحاكمية، فالقرضاوي يذهب إلى أن الحاكمية "مبدأ إسلامي أصيل" قرره جميع الأصوليين في مباحثهم عن "الحكم الشرعي"، وعن "الحاكم" فقد اتفقوا على أن "الحاكم" هو الله تعالى، والنبي مبلغ عنه، فالله تعالى هو الذي يأمر وينهى، ويحلل ويحرم، ويحكم ويشرع"[64]. وهو يميز بين نوعين من الحاكمية: حاكمية قدرية بمعنى أن الله هو المتصرف في الكون، المدبر لأمره الذي يجري فيه أقداره، ويحكمه بسننه التي لا تتبدل، وحاكمية تشريعية أمرية، وهي "حاكمية التكليف والأمر والنهي، والإلزام والتخيير(..) وهذه لا يرفضها مسلم رضي بالله رباً، وبالإسلام ديناً،

---

57. سيد قطب، معالم في الطريق، مصدر سابق، ص 46.

58. المصدر السابق، ص 158.

59. المصدر السابق، ص 8.

60. المصدر السابق، ص 167.

61. المصدر السابق، ص 151

62. المصدر السابق، ص ص 60-61.

63. جمال سند السويدي، السراب، مرجع سابق، ص 146 وص 182.

64. راجع جواب يوسف القرضاوي على سؤال حول موقف الإسلام من الديمقراطية، https://bit.ly/3udkrx2

وبمحمد - صلى الله عليه وسلم - نبياً ورسولاً"[65]. ما يعني أن من لا يشاطره هذا الرأي فهو خارج عن الملة، ويشي هذا الخطاب ضمنياً بنزعة إلى تكفير المخالف. ويتجلى في مقاربته الخلط التلفيقي بين الديمقراطية والحاكمية مؤكداً وفق تصوره عدم التناقض بينهما "فليس يلزم من المناداة بالديمقراطية رفض حاكمية الله للبشر، فأكثر الذين ينادون بالديمقراطية لا يخطر هذا بالهم."[66] .

وأما مقاربة راشد الغنوشي، فهي وإن كانت أقل حدة وجذرية مقارنة بالمودودي وقطب، فإنه يعتبر أن في الإسلام نظاماً للحكم صادراً عن الله[67]. ويستخلص أن نصوص الإسلام[68]، وتجربته التطبيقية يؤكدان ما يعتبره "حقائق ثلاثاً هي أن الله مالك الملك وصاحب السلطة العليا في الكون والحياة والمجتمع، وهو الحاكم الأصلي بذاته. وأن حاكمية الله وسيادته قد نطقت بها نصوص الوحي قرآناً وسُنة ومنه استمدت الشريعة.. فشريعة الله حاكمة على ما سواها. وأن إقامة الشريعة فرض على كل مسلم وتقتضي فرض انتظام الأمة في شكل منتظم سياسي، وهو الحكومة الإسلامية والإسلام هو السلطة المؤسسة للأمة والدولة[69]. ولعله في موضع آخر كان أكثر صراحة في تبنّيه لمفهوم الحاكمية التي عرفها بقوله "سلطة التشريع" وناظرها بالسيادة في الاصطلاح الدستوري المعاصر[70].

لم يتخلّ الغنوشي عن هذا الإطار من التفكير حتى وهو يعمل على الربط بين الإسلام والديمقراطية، فيقول "كل الحركات الإسلامية تشترك في التأكيد على ضرورة التسليم بأن المرجعية العليا في الدولة تشريعاً وتنفيذاً وثقافة ينبغي أن تكون لنصوص الوحي كتاباً وسُنة[71]، والمرجعية العليا لكل المؤسسات"[72]. فهي "الحاكم الأعلى وكل ما سواه محكوم به وتابع له"[73]. وإن هذه النصوص ليست إلا تجسيداً لسلطة الله التي هي "المشروعية

---

65. المصدر السابق.

66. المصدر السابق.

67. راشد الغنوشي، الحريات العامة في الدولة الإسلامية (بيروت: مركز دراسات الوحدة العربية، 1993)، ص 99.

68. المصدر السابق، ص ص 98-99. وهي الآيات نفسها التي استند إليها المودودي وقطب.

69. المصدر السابق، ص 104.

70. المصدر السابق، ص 120.

71. لاحظ أن الغنوشي يعتبر نصوص السنة جزءاً من الوحي وهو في ذلك يستعيد الموقف الأصولي الذي كرسه محمد بن إدريس الشافعي (ت 204هـ)، ويقدمه كحقيقة مطلقة لا تقبل المراجعة.

72. راشد الغنوشي، الديمقراطية وحقوق الإنسان في الإسلام، مصدر سابق، ص 130.

73. المصدر السابق، ص 15.

العليا في الدولة والسلطة التي لا تعلوها ولا تجاورها ولا تزاحمها سلطة"[74]، وهو ما يجعل أي مصادمة لنصوص الشريعة ومقاصدها طعناً موجعاً في شرعية تلك الدولة من حيث انتسابها للإسلام"[75]، وينتهي به الأمر إلى انتهاج سبيل التكفير باستبعاد من يخالف أصول "الشرع" من الملة وتشريع التمرد عليه[76]. لقد بدت مقاربة الغنوشي مثالاً على الاحتكام من الناحية المعرفية لمنطق البداهة وانسياقها في القراءة الممثلة للتاريخ الإسلامي، واندراجها أيديولوجياً في الخط نفسه الذي يوظف النصوص والتجربة التاريخية لخدمة المشروع السياسي.

وهكذا نتبين أن الموقف من الحاكمية في منظور دعاة الإسلاموية يعبر من ناحية عن رؤية لقضايا السياسة والحكم والدولة ويترجمون به شعارهم الإسلام دين ودولة، وله من ناحية أخرى صلة وثيقة بتصورهم لعقيدة التوحيد التي تشمل سيادة الله على الكون، ومفهومي العبودية والاستخلاف الضابطين لعلاقة الإنسان بالله. فالحاكمية عند الإسلامويين تمثل القاعدة النظرية التي تبنى عليها الدولة الإسلامية المنشودة باعتبارها بديلاً ونقيضاً للدولة الحديثة القائمة على أساس العقد الاجتماعي وإرادة العيش المشترك وفق قواعد يضعها البشر. ويبقى الإشكال في عدم إدراكهم من الناحية المعرفية أن حكم الله كما جاء في القرآن "لا ينطق وإنما ينطق به الرجال" مثلما ورد في القول المأثور، أي إنه يقتضي التأويل باعتباره اجتهاداً بشرياً، ولكل تأويل صلاحية نسبية، وهو ما يؤول، إلى، مفارقة الواقع السياسي الحالي، ورفضه بدعوى الانشداد إلى طوبى الدولة الإسلامية، وإلى إرساء نوع من المغالطة بحكم أن هذه الدولة لا تقوم في الحقيقة على سيادة الله وإنما على حكم طائفة تتصور نفسها ممثلة لإرادة الله وناطقة بحكمه. والخلاصة أن الحاكمية غطاء أيديولوجي لتكريس سلطة سياسية استبدادية باسم الدين مثلما هي الحال مع مقولتي الإمامة وولاية الفقيه في الإسلاموية الشيعية ومقولة الحق الإلهي في الدولة المسيحية ما قبل النهضة[77].

2- الشريعة

لقد كانت الشريعة، أو بالأحرى تطبيق الشريعة، إحدى المقولات الأساسية في أدبيات الإسلام السياسي باعتبارها عماد ما تعتبره "الحل الإسلامي"، وهي إلهية - فالتشريع حق مطلق

---

74. المصدر السابق، ص 20.

75. المصدر السابق، ص 15.

76. المصدر السابق، ن.ص.

77. عبد الإله بلقزيز، الدولة في الفكر الإسلامي المعاصر (بيروت: مركز دراسات الوحدة العربية، ط2، 2004)، ص 205.

لله- وصالحة لكل زمان ومكان، وذات مدلول شامل فـ "شريعة الله تعني كل ما شرعه الله لتنظيم الحياة البشرية.. وهذا يتمثل في أصول الاعتقاد وأصول الحكم، وأصول الأخلاق، وأصول السلوك، وأصول المعرفة أيضاً (..) وفي هذا كله لا بد من التلقي عن الله كالتلقي في الأحكام الشرعية - بمدلولها الضيق المتداول- سواء بسواء"[78].

ويلتمس هذا المدلول مرجعيته من تصور سيد قطب لقضية التشريع إذ يقول "والتشريع لا ينحصر في الأحكام القانونية فقط – كما هو المفهوم الضيق في الأذهان اليوم لكلمة الشريعة - فالتصورات والمناهج، والقيم والموازين، والعادات والتقاليد... كلها تشريع يخضع الأفراد لضغطه"[79]، وهي محددة لنمط المجتمع فالمجتمع الإسلامي من منظور سيد قطب "هو المجتمع الذي يطبق فيها الإسلام عقيدة وعبادة، وشريعة ونظاماً وخلقاً وسلوكاً"، وعلى نقيضه المجتمع الجاهلي "الذي لا يطبق فيه الإسلام ولا تحكمه.. نظامه وشرائعه" ولا يكون المجتمع إسلامياً بمجرد أن يضم مسلمين "بينما شريعة الإسلام ليست هي قانون هذا المجتمع"[80].

وليست أطروحة سيد قطب، سوى استعادة للرؤية الفقهية الموروثة التي تقوم على تقسيم العالم إلى فسطاطين "دار الإسلام" و"دار الحرب"، وهذا برهان على تمثل الموروث الفقهي واستبطانه في البنية الذهنية والنفسية للجماعات الدينية السياسية، والسعي إلى إعادة صياغته بإضفاء مسحة اصطلاحية تظهره في ثوب جديد. ويضمر الاصطلاح الجديد التمسك بالبنية المعرفية الموروثة في نظرتها للشريعة.

ويرى راشد الغنوشي الشريعة "مجمل النظام الإسلامي الذي اختاره الله لحياة البشر"[81]، ويسترجع التصور القطبي فيراها ذات مدلول شامل تجمع "مضامين حياة الناس الاقتصادية والاجتماعية والخلقية والسياسية، والعلاقات الدولية والعقوبات" وهو يميز بين نوعين من التشريع "التشريع الأصلي وهو لله والتشريع الاستنباطي وهو للأمة من خلال ممثليها"[82]. ويقرر "كما أنه ليس لأي مواطن الحق في أن يطيع أي تشريع أو قرار أو توجه مناقض للشريعة أياً كانت الجهة التي أصدرته"[83].

---

78. سيد قطب، معالم في الطريق، مصدر سابق، ص 124.

79. المصدر السابق، ص 10.

80. المصدر السابق، ص 105.

81. راشد الغنوشي، الحريات العامة، مصدر سابق، ص 91.

82. المصدر السابق، ص 127.

83. المصدر السابق، ص 221.

وتكمن المفارقة في مقالة الغنوشي أنه من جهة يضفي على الشريعة طابعاً إلهياً مفارقاً، ومن جهة أخرى يقر بتدخل البشر في استنباط أحكام تلائم تطور الواقع وحركيته، وهو ما يؤدي إلى منح طائفة من البشر سلطة فوق بشرية لاشتغالها بميدان التشريع واحتكارها حق تأويل الدين.

وقد طرأ على موقف الغنوشي تطور يظهر عدم تراجعه عن مطلب الشريعة فهو لا يزال يعتبرها "القانون الإسلامي للدولة والمجتمع"،[84] وشرعية الحكام "موقوفة على إنفاذهم للشريعة وتوافقهم مع توجيهاتها"[85]، وإنما يظهر مرونته وبراغماتيته إذ أعطى الأولوية لما سماه "مشكل الاستبداد وإقصاء الأمة عن شأنها (..) عبر تبيئة وتأصيل نظام سياسي يحقق للأمة استعادة سلطانها المسلوب، وإدراج ذلك ضمن أوليات الشريعة"[86]. وهذا يعني أن أولوية الحركة الإسلاموية هي الوصول إلى السلطة وهي الطريق إلى تنفيذ مشروعها، وحينها يصبح، من منظورها، يسيراً تطبيق الشريعة.

وفي المحصلة فإن الشريعة بالنسبة إلى الإسلام السياسي هي الإطار المرجعي والتشريعي الذي يجب أن يحكم الدولة والمجتمع والأفراد في جميع التفاصيل والمجالات، ولعل أهم المجالات التي يتشبث فيها الإسلاميون بتطبيق الشريعة هي الأحوال الشخصية والقانون الجنائي (الحدود والعقوبات البدنية) وحرية المعتقد[87]. ولعل من المفارقات اللافتة للانتباه أن تنادي بعض الحركات الإسلاموية بتطبيق الشريعة، وأن تدّعي في الآن نفسه الأخذ بالديمقراطية وانتخاب برلمان مكلف بالمهام التشريعية. فكيف يستقيم الجمع بين الأمرين؟ والحال أن الشريعة في منظورهم محفوظة جاهزة، حتى إن تعلق الأمر بحاجة إلى اجتهادات، فهي محصورة فيما يسمونه الفروع ولا تشمل الأصول، وهي اختصاص حصري، لفئة من الناس دون غيرهم وهم "العلماء"، فهل يعني ذلك أن يشكل هؤلاء هيئة "كهنوتية" عليا يحتكم إليها النواب المنتخبون؟ وأي قيمة للعملية الانتخابية، وللديمقراطية برمتها في هذه الحالة؟

---

84. راشد الغنوشي، الديمقراطية وحقوق الإنسان في الإسلام، مصدر سابق، ص 42.

85. المصدر السابق، ص 13.

86. المصدر السابق، ص 43.

87. للتوسع في الأحكام التي يسلم الإسلاميون بانقراضها أو التي يريدون نسيانها والأحكام التي يتمسكون بها، راجع: محمد الشرفي، الإسلام والحرية سوء التفاهم التاريخي (سوريا: دار بترا للنشر والتوزيع)، ص ص 48-51.

3- الخلافة

يتمحور النظر في هذا المفهوم حول إشكالية ما تسميه حركات الإسلام السياسي مجتمعة "الدولة الإسلامية" من حيث شكلها وطبيعتها ووظائفها. ولعل طرح هذه الحركات لهذه الإشكالية من زاوية صلتها بمفهوم الخلافة يشي بموقفها المناوئ للدولة الوطنية الحديثة التي بدأت في الظهور في المنطقة العربية منذ الثلث الأول من القرن العشرين متبعة أنموذج الدولة القومية الحديثة في أوروبا[88]، وعلى أنقاض تفكك السلطنة العثمانية وانهيار سلطتها بما ترمز إليه من استقطاب لمشاعر الانتماء لدى المسلمين في المناطق الواقعة تحت سيطرتها الفعلية أو الصورية.

لقد تم إلغاء الخلافة منذ مارس 1924، وأصدر الشيخ علي عبدالرازق كتابه "الإسلام وأصول الحكم" مفنداً الفكرة السائدة عن وجوب الخلافة وأنها من فروض الدين[89]. ولكن حركات الإسلام السياسي، منذ أول نشأتها مع جماعة "الإخوان المسلمين"، بنت أطروحتها على استعادة نظام الخلافة تعبيراً عن رفضها للواقع السياسي الحديث القائم على الدولة الوطنية الحديثة وكل ما ينجر عنها سواء من حيث قواعد تنظيم المجتمع (القوانين الوضعية) أو قواعد العلاقة بين الحاكم والمحكوم (المواطنة)، أو من حيث مصدر السيادة ومشروعية الحكم (السيادة للشعب، الدستور). فقد ظلت هذه الحركات متمسكة بأن "الإسلام ليس ديناً فحسب وإنما هو دين ودولة وفي طبيعة الإسلام أن تكون له دولة"[90].

وتمثل الخلافة بالنسبة إلى المودودي النظام الذي يقابل ما يعرف في الغرب بالديمقراطية، والفرق بينهما أن ديمقراطية الغرب حرة مطلقة العنان بينما الخلافة الديمقراطية في الإسلام مقيدة بقانون الله، فهي خلافة من الله وتسلم بحاكميته القانونية، فما لدولة الخلافة أن تأتي بشيء يتجاوز صلاحياتها المحدودة ضمن ما قد وضع الله لها من حدود[91]. وقد مزج الإسلام في تصور عبدالقادر عودة بين الدين والدولة حتى لا يمكن التفريق بينهما "فلا يقام الدين

---

88. ويرى محمد أركون، في هذا المضمار، أن الدول العربية والإسلامية المعاصرة تجد نفسها محرومة من المرجعية المؤسساتية لماض "إسلامي" ملغى منذ زمن طويل وتجد نفسها مسحورة بقوة النماذج القومية الحديثة لدول، مثل: فرنسا وإيطاليا وإنجلترا وفاعلية تلك النماذج. راجع: محمد أركون، الفكر الإسلامي نقد واجتهاد، ترجمة هاشم صالح (بيروت، دار الساقي ط 2، 1992)، ص 75.

89. يقول في خاتمة كتابه "لا خلافة في الدين" "والخلافة ليست في شيء من الخطط الدينية"، راجع: علي عبدالرازق، الإسلام وأصول الحكم (القاهرة/بيروت: دار الكتاب المصري/ دار الكتاب اللبناني، 2012)، ص 137.

90. عبدالقادر عودة، الإسلام وأوضاعنا السياسية، ص 60. https://bit.ly/39D7V0s

91. أبو الأعلى المودودي، نظرية الإسلام وهديه، مصدر سابق، ص ص 259-261.

بغير الدولة ولا تقام الدولة بغير الدين"[92]، وينهض موقف عودة على تقريظ نموذج ما يسميه الحكومة الإسلامية وعلى استعادة الخلافة مفهوماً وتصوراً وقضايا مثلما دأبت أدبيات الفقه الإسلامي التقليدي على تناولها[93]، وهو إذ يستعيدها يقوم بإضفاء رداء أيديولوجي عليها لتوظيفها في خدمة أطروحات الجماعة وأهدافها.

ويقوم تصور راشد الغنوشي على اعتبار أن إقامة الإسلام وإنفاذ شريعته تحتاج إلى السلطة فلذلك فالدولة الإسلامية وسيلة لا غنى عنها[94]. وتكشف مقاربته عن مدى الخلط بين المفاهيم والتصورات فهو يتحدث على سبيل المثال عن "رئيس الدولة" وهو اصطلاح حديث، مطابقاً بينه وبين مصطلح "الإمام" المستمد من موروث الفقه السياسي الإسلامي، بل هو لا يرى فرقاً بين "عقد الخلافة أو رئاسة الدولة"[95]، ويلحق وظيفة رئيس الدولة بوظيفة الإمام أو الخليفة سابقاً في "حراسة الدين والدنيا"[96]. ويتحدث عن "أهل الحل والعقد" مطابقاً بينهم وبين "النواب في المجالس البرلمانية"، بل إنه يجعلهم بحكم طبيعة العقد بينهم وبين "الأمة" في الالتزام بالدفاع عن الشريعة أفضل من نواب البرلمانات المعزولين عن الجماهير[97]، وهو مع أنه يعطي ما يسميه "الأمة" دوراً محورياً "في النظام السياسي الإسلامي لاعتبارات متعلقة بالتوفيق بين الإسلام والديمقراطية الانتخابية"، وتجده مشغولاً بطرح القضايا التي يثيرها الفكر السياسي الحديث (السيادة، الشرعية، النظام السياسي، العلاقة بين السلطات، العلاقة بين الحاكم والمحكومين، تكوين الأحزاب إلخ..) فإنه يستعيد فقه السياسة الشرعية ويحتكم إلى مسائله ومصطلحاته تثبيتاً لمنزع الإسلام السياسي في معالجة قضايا العصر اعتماداً على "المرجعية الإسلامية". والخلاصة أنه بالنسبة إلى الغنوشي ليس المهم في الدولة "الإسلامية" الاسم ولا الشكل، بقدر ما يهم طبيعة تلك الدولة والوظائف التي تؤديها، ومدى التزامها بمفهومي الحاكمية والشريعة، فهما الفيصل بين "الدولة الإسلامية" والدولة "غير الإسلامية" أو "الكافرة" أو "العلمانية". وأوكد واجبات هذه الدولة "حراسة الدين وسياسة الدنيا" وإذا لم تقم هي عليه يصبح المسلم مكلفاً به[98].

---

92. عبدالقادر عودة، الإسلام وأوضاعنا السياسية، مصدر سابق، ص 63.

93. المصدر السابق، انظر الفصول التي خصصها للخلافة وللشروط الواجبة في الإمام ولانعقاد الخلافة ولمركز الخليفة وطرق اختياره ولواجباته، ص ص 92-194.

94. راشد الغنوشي، الحريات العامة، مصدر سابق، ص ص 91-93.

95. المصدر السابق، ص 165

96. المصدر السابق، ص 148، وص 157.

97. المصدر السابق، ص ص 224-225.

98. المصدر السابق، ص 196.

وقد عادت فكرة الخلافة إلى التداول بعد ما يعرف بـ "الربيع العربي"، فقد صرح المرشد العام لجماعة الإخوان محمد بديع في يناير 2012 أن هدفهم النهائي إقامة "الخلافة الراشدة لتعليم العالم"[99]. وقد وردت الإشارة إلى الخلافة الراشدة السادسة في خطاب لحمادي الجبالي الأمين العام الأسبق لحركة النهضة التونسية ورئيس الحكومة الأسبق (من 24 ديسمبر 2011 إلى 13 مارس 2013) بتاريخ 13 نوفمبر 2011 بعد فوز حركته بالمرتبة الأولى في انتخابات المجلس الوطني التأسيسي في 23 أكتوبر 2011، في لحظة الشعور بالغلبة وسيطرة فكرة التمكين واستشعار أن الظروف أصبحت ملائمة للتصريح بحقيقة المشروع السياسي والاجتماعي. ويعتبر بديع أن جماعة الإخوان "قد ساعدت على إعادة إحياء الخلافة كوسيلة للمسلمين لأستاذية العالم"[100].

و"أستاذية العالم" فكرة إخوانية تعني السيطرة على العالم بأسره بعد عملية متدرجة تبدأ بالفرد ثم الأسرة فالمجتمع فالحكومة والدولة ثم تأتي المرحلة الأممية عبر إحياء الخلافة الإسلامية. وأمام عجز التنظيمات الإخوانية عن تحقيق هذا الهدف استعاضت عنه بفكرة "التنظيم العالمي" الذي ينطوي على الكثير من الجمعيات والاتحادات الإسلامية ويضم فروع جماعة الإخوان حول العالم، ويمثل "البديل العملي لفكرة الخلافة الإسلامية"[101].

وقد أعلن التنظيم المعروف بداعش تأسيس ما سماه "الدولة الإسلامية" وتنصيب أبي بكر البغدادي "خليفة" في الأراضي التي سيطر عليها في العراق وسوريا. ويكشف شريط الفيديو الأول لظهور البغدادي عن تقمصه لصورة "الخليفة" كما هي مرسومة في المتخيل الإسلاموي، وقد عبرت بطريقة رمزية عن تصور هذا التنظيم لطبيعة الدولة ووظائفها وعن مكانة الحاكم ودوره فيها.

تناهض أطروحات الإسلامويين الدولة الوطنية الحديثة بالارتكاز على توثيق علاقة الدولة بالدين من خلال مفهومي الحاكمية والشريعة، فهم لا يدركون المسافة بين تصوراتهم لهذين المفهومين ولغيرهما من المفاهيم والمعاني القرآنية إذ تظهر مراجعة القرآن أنه لم يتعرض لقضية الدولة، ولم تكن مسألة الحكم سواء من حيث طريقة الوصول إليه ومصادر مشروعيته أو من حيث طريقة إدارته من بين المسائل التي فصل فيها القول، بل هناك

---

99. جمال سند السويدي، السراب، مصدر سابق، ص 259.

100. المصدر السابق، ص 194.

101. أحمد البغدادي، الوطن في فكر جماعة الإخوان المسلمين، في الإخوان المسلمون في الخليج (الإمارات العربية المتحدة: مركز المسبار للدراسات والبحوث، ط4، 2011)، ص ص 196-197.

على حد عبارة عبد الجواد ياسين "سكوت قرآني"[102]، أي إن هذه المفاهيم ما هي إلا نتاج تمثلاتهم وتأويلاتهم للنصوص الدينية في ارتباط بأطرهم المعرفية وبمشروعهم الأيديولوجي وبتمثلهم المخصوص للواقع.

وليست تلك الأطروحات سوى محاولة للتماهي مع موروث قديم لم يعد يتماشى والقيم السياسية المعاصرة، إضافة إلى كونها محكومة بالفشل لأن مفهوم الدولة الدينية يحمل تناقضاً عميقاً أصلياً، حيث إن الله لا يقول شيئاً، وإنما البشر هم الذين يقولون ما يزعمون أنهم قد فهموه من كلام الله، وإن الدولة الدينية لا تطبق ديناً خارجاً عنها ولا تترك رجال الدين يطبقون الشريعة خارج سلطتها، فهي إذن تجعل من الدين أداة من أدواتها توظفه في خدمتها، فكل دولة هي معلمنة وتعلمن الدين، والسياسة هي السلطة وكل سلطة تسن قوانينها الخاصة بها[103].

لقد تحول مفهوم الخلافة إلى مفهوم معياري حاكم على غيره من المفاهيم والنظم السياسية وهو ما أدى إلى تجريد التجربة السياسية الإسلامية من الشرعية، والحكم عليها بالسقوط الأخلاقي[104]، وينعكس موقف الحركات الإسلاموية الرافض تصريحاً أو تلميحاً لواقع الخارطة السياسية العربية المعاصرة القائمة على أساس الدولة الوطنية الحديثة على مسألة الولاء للوطن إذ إن المنتسب إليها عن طريق البيعة أو العهد يكون ولاؤه للجماعة لا لوطنه[105].

4- الجهاد

يعد مفهوم الجهاد قطب الرحى في أطروحات جماعات الإسلام السياسي بمختلف توجهاتها، فهي تضع أغلب ما تقوم به من أعمال حربية أو غير حربية في حالة الجهاد، وتربط ذلك بأداء مهمة الإسلام من حيث هو "فكرة انقلابية ومنهاج انقلابي يريد أن يهدم نظام العالم الاجتماعي بأسره ويأتي بنيانه من القواعد، ويؤسس بنيانه من جديد حسب فكرته ومنهاجه العلمي"[106].

---

102. عبد الجواد ياسين، السلطة في الإسلام العقل الفقهي السلفي بين النص والتاريخ (الدار البيضاء- بيروت: المركز الثقافي العربي، 1998)، ص 201.

103. قال "رُوي" هذا الكلام بعد أحداث "الربيع العربي" مؤكداً أطروحته القاضية بفشل الإسلام السياسي. راجع:
Roy, (2015).. L' échec de l'Islam politique. Editions du Seuil.Paris.pp. 300-302.

104. محمد جبرون، مفهوم الدولة الإسلامية (قراءة جديدة لعلاقة الإسلام بالدولة)، في: مفهوم الدولة "الدولة الإسلامية"، "دولة الخلافة"، ص 12، https://bit.ly/3rC1d2W

105. أحمد البغدادي، الوطن في فكر جماعة الإخوان المسلمين، مرجع سابق، ص 198.

106. أبو الأعلى المودودي، الجهاد في سبيل الله، ص ص 3-4. على الرابط: https://bit.ly/2Vgk3k2

ويرتبط الجهاد بتصور الإسلامويين لطبيعة الإسلام من حيث هو "دعوة عالمية"[107]، والجهاد ليس إلا وسيلة لنشرها فإذا ما تيسر ذلك بالوسائل "السلمية"، وإن لم يكن فبالقتال[108]. وقد كان الجهاد حاضراً باعتباره متصوراً مفهومياً وممارسة قتالية منذ ظهور حركات الإسلام السياسي، وليس أدل على ذلك أن ما يعرف بالنظام الخاص التابع لجماعة الإخوان يتنزل في باب الجهاد من حيث إطاره المرجعي النظري ومن حيث عملياته العنيفة والقتالية سواء ضد المستعمر البريطاني أو ضد خصوم الإخوان من النخب المصرية[109].

ولا يخفى أن ذلك يدخل ضمن استراتيجية إضفاء الشرعية على تلك الأعمال وتبريرها من جهة، وعلى ما وصل به من أعمال في الحاضر بما كان يقوم به المسلمون الأوائل في الماضي البعيد، ذلك الماضي الذي يمثل عصر الإسلام الذهبي المراد استعادته. وفي هذا الصدد يقول سيد قطب "فلا بد إذن في منهج الحركة الإسلامية.. أن نرجع ابتداء إلى النبع الخالص الذي استمد منه أولئك الرجال (يقصد الصحابة) النبع المضمون أنه لم يختلط ولم تشبه شائبة. نرجع إليه نستمد منه تصورنا لحقيقة الوجود كله ولحقيقة الوجود الإنساني.. ومن ثمة نستمد تصوراتنا للحياة وقيمنا وأخلاقنا ومناهجنا للحكم والسياسة والاقتصاد وكل مقومات الحياة"[110].

ويخلص قطب - بعد أن رد على من يحاولون حصر الجهاد في الإسلام في "الحرب الدفاعية" مستنكراً روحهم الانهزامية - إلى ربط الجهاد بطبيعة الإسلام وأهدافه ولعل أهمها الثورة على حاكمية البشر وجعل شريعة الله هي الحاكمة في كل مكان وعلى كل البشر[111]. وهكذا يقدم قطب تصوراً للجهاد باعتباره ركيزة لتحقيق كونية الدعوة الإسلامية وسيادة النظام الإسلامي في الأرض كلها وعلى النوع الإنساني كله بناء على أن الإسلام في نظره ليس مجرد عقيدة بل هو "منهج يتمثل في تجمع تنظيمي حركي يزحف لتحرير كل الناس.. ومن ثم يتحتم على الإسلام أن يزيل هذه الأنظمة بوصفها معوقات للتحرير العام"[112].

---

107. يعتبر علي الصلابي أن من طبيعة الدين الجهاد فهو من أخص خصائص الأمة الإسلامية وجزء لا يتجزأ من عقيدتها ورسالتها ومقوم من مقومات التمكين لها، ودعا إلى أن تشكل الدولة الإسلامية "وزارة للجهاد في سبيل الله" لتحقيق أهداف التمكين. راجع: علي محمد الصلابي، فقه النصر والتمكين في القرآن الكريم أنواعه، شروطه وأسبابه، مراحله وأهدافه (بيروت: دار المعرفة، ط5، 2009)، ص 490.

108. يوسف القرضاوي، فقه الجهاد، مصدر سابق، الجزء الثاني، ص ص 1332-1339.

109. راجع تأصيل النظام الخاص باعتباره جهاداً في: محمود الصباغ، حقيقة التنظيم الخاص... الفصل الأول: الجهاد فطرة وشرعاً، مصدر سابق. وقد أسست فروع الجماعة في الدول العربية كيانات شبيهة بالنظام الخاص.

110. سيد قطب، معالم في الطريق، مصدر سابق، ص 18.

111. المصدر السابق، ص ص 59-60 وص 76.

112. المصدر السابق، ص ص 80-81.

لقد كان قطب بالنسبة إلى الإسلامويين رأس مال رمزياً وله دور محوري في وضع الأسس النظرية لنزعتهم المتشددة لاسيما في توجهها لمواجهة عدو الداخل الممثل في الأنظمة الحاكمة التي يصفها بالكفر، وفي الفساد المستشري ثقافياً وسياسياً[113]. وإذا كانت رؤيته للجهاد تهدف إلى إحياء جذوته في النفوس من جديد وإعادة تمثله باعتباره مبدأً إسلامياً غايته أن يضم العالم كله إلى سلطة النظام الإسلامي، فقد تلقف اللاحقون هذا البيان القطبي، فانبرى بعضهم إلى تأصيل الجهاد تأصيلاً نظرياً وفقهياً، وتحول الجهاد إلى برنامج عملي لحركاتهم في مواجهة "أعداء الداخل والخارج".

ويستوقفنا في هذا المضمار، كتاب "مسائل في فقه الجهاد" المعروف بـ "فقه الدماء" لصاحبه المدعو أبو عبدالله المهاجر، وهو يعتبر من أبرز منظّري الحركات "الجهادية" ولاسيما تنظيمي القاعدة وداعش، ويعكس طرحه للمسائل العشرين في هذا الكتاب تطرف "الجماعات الجهادية" وميلها إلى أقصى درجات العنف وأنواعه، منها إباحة ما يسميه "العمليات الاستشهادية" بأن يفجّر المجاهد نفسه[114]، ومنها إضفاء المشروعية على "قطع رؤوس الكفار المحاربين"[115].

وهكذا يتجلى مفهوم الجهاد باعتباره الوجه الآخر لمفهوم الدعوة، فهو ركن ركين في نسق التفكير الإسلاموي وأداة لا غنى عنها من أجل تجسيد المشروع اجتماعياً وسياسياً وفرضه على الأعداء وخصوصاً أعداء الداخل سواء من الأنظمة الحاكمة أو من النخب المخالفة. فهو إذن ليس متصوراً تقره الأذهان وتؤمن به النفوس فحسب، وإنما هو عمل وحركة في الواقع أساساً، توثق به الجماعات الإسلاموية روابطها بالماضي متوهمة استعادته، وتستمد منه مشروعية ما يصدر عنها من ممارسات عنيفة بما تضفيه عليها من قداسة.

---

113. Calvert, J. (2013). Sayyid Qutb and the Origins of Radical Islamism. Oxford University Press, p.p.1-4.

114. أبو عبدالله المهاجر، مسائل من فقه الجهاد، ص 101. https://bit.ly/3ug6NJI

115. المصدر السابق، ص 269.

خاتمة

تبني الجماعات الإسلاموية منظومتها الأيديولوجية على جهاز مفاهيمي تصنع به معاني خطاباتها وتمنحها معقولية وجاذبية. ويشكل هذا الجهاز النواة الصلبة التي تلتقي حولها تلك الجماعات مهما تفرقت بها السبل وتباينت اتجاهاتها، ولم تطرأ عليه تغييرات جوهرية منذ أن وضع بنيانه المؤسسون رغم تباعد الأزمنة واختلاف البيئات، إذ تنطق المفاهيم بالمرجعيات المعرفية المشتركة، وبرؤية العالم والمجتمع والبشر التي يحتكم إليها الإسلامويون، فضلاً عن كونها تكشف مشروعهم في مختلف أبعاده، وهو مشروع قائم على رهن الإيمان لخدمة غايات سياسية سلطوية. **ويفضي بنا تفكيك أمثلة من هذه المفاهيم إلى ثلاث نتائج رئيسية:**

- إن هذه المفاهيم محكومة بآفاق الإسلامويين المعرفية، وهي آفاق محدودة لم تنفتح على المعارف الحديثة خصوصاً في علوم الأديان وعلوم الإنسان والمجتمع، ولم تستوعب منجزات الحداثة الفكرية والقيم التي انبنت عليها، بل إنهم قلبوا رهان تحديث الإسلام والمسلمين إلى رهان أسلمة الحداثة. فمازالت تلك المعارف قائمة على قواعد الرؤية الإطلاقية الماهوية، وتفتقد الحس التاريخي والبُعد النقدي للمفاهيم والأشياء، ما وسمها بالوثوقية ورسوخ وَهْم المطابقة بين فهمهم وتأويلهم والنص الديني، ويشي ذلك بالرغبة المسكوت عنها في تطويع النص والتاريخ لينطقا بالمعاني التي تسهم في حجب الحقيقة وفي تزييف الوعي أملاً في صناعة واقع بديل متخيل، وتوظيفها لخدمة المشروع الأيديولوجي. وهو نمط محكوم بالرؤية الماضوية الباحثة عن التماهي مع ما يُعتبر "عصر الإسلام الذهبي ."

- تعكس هذه المفاهيم ما يمكن نعته "بالمركزية الإسلاموية" التي تستدعي معاني الاستعلاء والتفوق وإرادة الهيمنة، وهو ما يمثل استعادة بصورة صريحة أو ضمنية للفكرة الموروثة عن الفرقة الناجية، تلك التي تمثل الإسلام الصحيح التي سيكون جزاؤها الجنة في مقابل غيرها من الفرق المنغمسة في الضلالة التي سيكون مآلها "جهنم". ويترتب على هذا المنطق استبعاد المخالفين (فكرياً وسياسياً) من دائرة الانتماء إلى الإسلام، إضافة إلى ما يفضي إليه من عداوة وكراهية لغير المسلمين. وقد افترقت الجماعات الإسلاموية إلى فريقين أحدهما يميل إلى الأسلمة الناعمة فبات يحرص على أن يصف نفسه بالوسطية والاعتدال دون أن يضمن ذلك مراجعة جذرية عميقة لتلك الشبكة من المفاهيم، والآخر ينزع إلى الأسلمة المتشددة فيتمسك حرفياً وبشدة بكل الثوابت والأصول الأيديولوجية الإسلاموية.

- إن من أوكد المهام المطروحة على النخب العربية، بل وفي العالم، أن تبذل جهداً معرفياً وفكرياً وأن تصوغ مقاربة شاملة لترسيخ معارف ومهارات وقيم لاسيما في مستوى مناهج التربية والتعليم وفي مستوى الوسائط الإعلامية وهيئات المجتمع المدني لمجابهة الأيديولوجيا الإسلاموية وكشف أضاليلها وتعرية ما تنطوي عليه من مخاتلة وخداع وما تمثله من تكبيل وتعطيل للعقل وتعطيل لملكة التفكير الحر، وللتنبيه إلى ما ينجر عنها من مخاطر على استقرار الدول والمجتمعات، وإلى كونها تشكل عائقاً يحول دون استيعاب القيم الحديثة والإسهام في الحضارة المعاصرة بنجاعة واقتدار.

قائمة المراجع

المصادر

- أبو الأعلى المودودي، تذكرة يا دعاة الإسلام... على الرابط: https://bit.ly/3y8rWGV

- ـــــــــــــ، نظرية الإسلام وهديه في السياسة والقانون والدستور. على الرابط: https://bit.ly/3lWrAhE

- ـــــــــــــ، الجهاد في سبيل الله. على الرابط: https://bit.ly/2Vgk3k2

- أبو عبدالله المهاجر، مسائل من فقه الجهاد. على الرابط: https://bit.ly/3ug6NJI

- البهي الخولي، تذكرة الدعاة (مصر: دار الكتاب العربي، ط 3، 1952).

- حسن البنّا، مذكرات الدعوة والداعية (الكويت: مكتبة آفاق، 2012).

- ـــــــــــــ، رسالة المؤتمر الخامس. على الرابط: https://bit.ly/3iMJqSF

- راشد الغنوشي، الحريات العامة في الدولة الإسلامية (بيروت: مركز دراسات الوحدة العربية، 1993).

- ـــــــــــــ، الديمقراطية وحقوق الإنسان في الإسلام (الدوحة- بيروت: مركز الجزيرة للدراسات-الدار العربية للعلوم ناشرون، 2012).

- عبدالقادر عودة، الإسلام وأوضاعنا السياسية. على الرابط: https://bit.ly/39D7V0s

- علي محمد الصلابي، فقه النصر والتمكين في القرآن الكريم أنواعه، شروطه وأسبابه، مراحله وأهدافه (بيروت: دار المعرفة، ط5، 2009).

- عمر التلمساني، الملهم الموهوب حسن البنّا أستاذ الجيل. على الرابط: https://bit.ly/3f2ljON

- محمود الصباغ، حقيقة التنظيم الخاص ودوره في دعوة الإخوان المسلمين. على الرابط: https://bit.ly/3BLG6jl

- يوسف القرضاوي، الخصائص العامة للإسلام. على الرابط: https://bit.ly/2Vegjj0

- ـــــــــــــــ، أولويات الحركة الإسلامية في المرحلة القادمة. على الرابط:
https://bit.ly/3f3pSs2

- ـــــــــــــــ، جواب على سؤال حول موقف الإسلام من الديمقراطية. على الرابط:
https://bit.ly/377F1Em

- ـــــــــــــــ، فقه الجهاد دراسة مقارنة لأحكامه وفلسفته في ضوء القرآن والسُّنة (القاهرة:
مكتبة وهبة، ط 4، 2014).

- ـــــــــــــــ، في فقه الأولويات دراسة جديدة في ضوء القرآن والسُّنة (القاهرة: مكتبة وهبة،
ط 2، 1996).

المراجع

باللغة العربية:

أبو الحسن الماوردي، الأحكام السلطانية، تحقيق أحمد جاد (القاهرة: دار الحديث، 2006).

أحمد البغدادي، الوطن في فكر جماعة الإخوان المسلمين، في: الإخوان المسلمون في الخليج (الإمارات العربية المتحدة: مركز المسبار للدراسات والبحوث، ط4، 2011).

إسماعيل راجي الفاروقي، أسلمة المعرفة المبادئ العامة وخطة العمل، ترجمة عبد الوارث سعيد (الكويت: دار البحوث العلمية، 1983).

أمين معلوف، الهويات القاتلة، ترجمة نهلة بيضون (بيروت: دار الفارابي، 2004).

جمال سند السويدي، السراب، (أبوظبي: مركز الإمارات للدراسات والبحوث الاستراتيجية، 2015).

حسان عبدالله، بناء المفاهيم في النظرية الاجتماعية الإسلامية "التدافع" نموذجاً. على الرابط: https://bit.ly/2Wr8pU8

خالد بشير، مجلات الجماعات الإسلامية عبر 9 عقود ... كيف ارتبطت بالدعاية السياسية لحركات الإسلام السياسي؟، موقع حفريات، 27 أبريل 2020، https://bit.ly/39DMwV5

داريوش شايغان، أوهام الهوية، ترجمة محمد علي مقلد (بيروت: دار الساقي، 1993).

سيد قطب، في ظلال القرآن (بيروت/القاهرة: دار الشروق، ط 32، 2003).

سيد قطب، معالم في الطريق (بيروت/القاهرة: دار الشروق، ط 6، 1979).

عبد الإله بلقزيز، الدولة في الفكر الإسلامي المعاصر (بيروت: مركز دراسات الوحدة العربية، ط2، 2004).

عبد الجواد ياسين، السلطة في الإسلام العقل الفقهي السلفي بين النص والتاريخ (الدار البيضاء-بيروت: المركز الثقافي العربي، 1998).

عبدالله العروي، الأيديولوجيا العربية المعاصرة (الدار البيضاء/بيروت: المركز الثقافي العربي، 1995).

علي عبدالرازق، الإسلام وأصول الحكم (القاهرة/بيروت: دار الكتاب المصري/ دار الكتاب اللبناني، 2012).

عمر عبيد حسنة، الحاكمية في الفكر الإسلامي. على الرابط: https://bit.ly/3l6uEJr

عميرة علية الصغير، الإرهاب في تونس الآباء والأبناء دراسة في أسانيد الإرهاب وواقعه (تونس: 2016).

عامر البوسلامة، الإسلاميون.. بين سُنة التدافع ونهاية التاريخ. على الرابط: https://bit.ly/2TIdx5m

لورنزو فيدينو، الإخوان المسلمون الجدد في الغرب، ترجمة ب.إ. الوكيل (الإمارات العربية المتحدة: مركز المسبار للدراسات والبحوث، 2011).

محمد أركون، الفكر الإسلامي نقد واجتهاد، ترجمة هاشم صالح (بيروت، دار الساقي ط 2، 1992).

محمد جبرون، مفهوم الدولة الإسلامية (قراءة جديدة لعلاقة الإسلام بالدولة)، في: مفهوم الدولة، "الدولة الإسلامية"، "دولة الخلافة". على الرابط: https://bit.ly/3rC1d2W

محمد سبيلا وعبدالسلام بنعبد العالي (إعداد وترجمة)، الأيديولوجيا (الدار البيضاء: دار توبقال للنشر، ط2، 2006).

محمد الشرفي، الإسلام والحرية سوء التفاهم التاريخي (سوريا: دار بترا للنشر والتوزيع).

محمد عمارة، نظرية الحاكمية الإلهية في فكر أبي الأعلى المودودي (1321-1399هـ/1903-1979 م)، في إشكاليات الفكر الإسلامي المعاصر (مالطا: مركز دراسات العالم الإسلامي، 1991).

مايكل كوك، الأمر بالمعروف والنهي عن المنكر في الفكر الإسلامي، ترجمة رضوان السيد، عبدالرحمن السالمي، عمار الجلاصي (بيروت: الشبكة العربية للأبحاث والنشر، ط2، 2013).

ميشال مسلان، علم الأديان مساهمة في التأسيس، ترجمة عز الدين عناية (أبو ظبي- بيروت: كلمة - المركز الثقافي العربي، 2009).

هاني عمارة، أفخاخ الإسلاميين: 3-فخ الدعوة. على الرابط: https://bit.ly/2VeK6rK

وائل صالح، نحو مبادئ مشروع فكري لمجابهة الإخوان معرفياً في أوروبا، مركز تريندز للبحوث والاستشارات، 3 يونيو 2021، على الرابط: https://bit.ly/3rEaO9p

خطة التمكين 1992.. الشاطر يخطط للهيمنة على مصر، بوابة الحركات الإسلامية، 19 يناير 2015، https://bit.ly/3EYaCrl

باللغات الأجنبية:

Calvert, J. (2013). Sayyid Qutb and the Origins of Radical Islamism. Oxford University Press.

Roy, O. (2015). L' échec de l'Islam politique. Editions du Seuil. Paris.

Weismann, I. (2015). Framing a Modern Umma The Muslim Brothers' Evolving Project of Da'wa. Sociology of islam, vol 3. brill nv, leiden. https://bit.ly/3zJNjyh

نبذة عن المؤلف

يعمل الدكتور فريد بن بلقاسم أستاذًا مساعدًا في المعهد العالي للعلوم الإنسانية بجامعة تونس المنار، وهو حاصل على شهادة التأهيل الجامعي من كلية الآداب والفنون والإنسانيات بمنوبة عام 2020، كما نال من الكلية نفسها درجة الدكتوراه عام 2011 عن بحثه تحت عنوان "علاقة المسلمين بغير المسلمين من خلال الاستشراق المعاصر: برنارد لويس أنموذجاً". وهو باحث في الفكر الإسلاميّ الحديث والمعاصر، ومتخصّص في الحركات الإسلامويّة. شارك الدكتور بن بلقاسم في عدّة ندوات علميّة، وصدر له دراسات عديدة؛ من أبرزها "رهانات الأسلمة في خطاب الإسلاميين: المسألة الاقتصادية أنموذجاً" ضمن كتاب المسبار؛ وقضايا الهوية في الإسلام المعاصر ضمن مجلة رؤى استراتيجية؛ وصدر له كتاب الإسلام السياسيّ ومفهوم المخاطر عن دار الجنوب-تونس. وله مقالات ومداخلات في عدّة صحف ومواقع إلكترونيّة تونسيّة وعربيّة.